資質・能力を育てる授業を
デザインするための

算数
教材
づくり
大全

瀧ヶ平悠史

JN033018

明治図書

はじめに

アクティブ・ラーニング，資質・能力，見方・考え方，深い学び，GIGA スクール構想に，個別最適な学び…。

ここ数年，これまでにないほどの新しいキーワードが登場し，そのたびに，様々な立場からの解釈論が巻き起こってきた教育界。

1つの言葉をきっかけに，子どもたちにはぐくむべき力や授業の在り方，これからの時代に必要な教育の姿を語り合うのは，とても大切なことだと思います。

一方で，そうした議論の場が，「流行」に踊らされない，地に足着いたものになっているのかについては，常に省みる必要があります。

特に，昨今，話題となっている「1人1台端末」の導入による学び方の変革については，「PC を使わせる授業をどのように実現すればよいのか」といった，手段が目的化した話題も少なくありません。大型書店の教育書コーナーでは，「GIGA」の文字が前面に出た書籍が，そのスペースの大半を占めるようになってきました。

こうした背景には，新型コロナウイルスの感染拡大による休校措置や，with コロナの新しい学びのスタイルが求められているといった状況もあるのでしょう。

しかし，私たちが子どもたちにはぐくみたい力とは，果たして PC を使いこなす技能なのでしょうか。

決して，そうではないはずです。あくまで「目的」は，教科における深い学びを実現し，子どもに確かな力をはぐくんでいくことです。そこに，１つの「手段（文房具）」として PC を有効に活用していくことが大切なわけです。流行に踊らされ，「手段」を「目的」と取り違えてはなりません。

　これまでにも教育の歴史では，たびたび様々な「大改革論」が巻き起こってきました。しかし，それらが本物の改革論であったのか，そうでなかったのかは，改革の目指す方向が「本質的な目的」に向いていたのかどうかで見分けることができます。

　今回の GIGA スクール構想も，目的が「PC を使うこと」になってしまったのなら，「エセ改革論」で終わってしまうでしょう。

　一方で，目的を見失わず，教科の本質的な学びを実現することから私たちがぶれなければ，１人１台の PC は１つの強力な道具として有効に活用され，今後の授業の在り方の幅を大きく広げる有用なものとなり得るはずです。

　では，教科の本質的な学びを実現するための「核」となるものとは，いったい何なのでしょうか。

　それは，まさしく「教材」そのものです。

　教科として，どのような力をはぐくむために，どういった内容を，いかなる過程を通して学ぶのか。

　誤解を恐れずに言うのなら，それらが凝縮され，１つに

パッケージ化されたものが「教材」だと私は考えています。

　本書は，「教材づくり大全」と銘打ち，算数科における重要な学習内容について，「教材をどうつくるか」という視点からアプローチしています。

　その際，「視点」だけではなく，実践例を通して具体的な「方法」を示すとともに，そうした方法を取る理由もできるだけ詳しく解説しました。

　それは，読者の皆さんが，教材のもっている意味を置き去りにし，「方法」だけを身につけてしまうことを防ぎたいという筆者の切なる思いがあるからです。

　おもしろい授業をしたい。

　子どもがワッと湧くような盛り上がる授業をしたい。

　それだけならば，いわゆる授業実践だけを集めた「ネタ本」を飛び道具的に使えばできるでしょう。

　しかし，本書で目指しているのは，読者の先生方が，「算数科としてどんな力をはぐくんでいくべきなのか」という本質的な目的を捉え，そこに，どのようにアプローチするべきかという具体的な「方法」を身につけられるようにすることです。

　1つの授業でしか使えない「使い捨て」の道具ではなく，「目的」と「手段」がセットになった，様々な学習場面で

応用できる，汎用的な「教材づくりの見方・考え方」を身につけていただきたいと考えているのです。

　本書では，あえて，まだ十分に力が育っていない子どもが学級にいることを想定し，一つひとつの手法をできるだけ丁寧に解説しています。

　ですから，先生方の日々の教材づくりにすぐに取り入れていくことができるはずです。

　ご自身の「教材づくりの見方・考え方」や，学級の子どもの力が十分にはぐくまれてきたと感じたなら，少しずつ，子どもに委ねていく部分を大きくしてみてください。

　もしも，そこにPCを活用することが有用ならば，もちろん積極的に取り入れていただいてもよいと思います。

　「教材づくりの見方・考え方」がしっかりと身についたなら，「目的」がぶれたり，教科の学びの本質を外したりすることは決してないからです。

　本書をお読みいただいた先生方が，１人でも多く教材づくりのすばらしさを実感し，エセ改革論に踊らされることなく，子どもに真に寄り添う学びを実現されていくことを心から願っています。

　2021年11月

瀧ヶ平悠史

Contents

もくじ

第1章
資質・能力を育てる授業をデザインするための
算数教材づくりのポイント

第2章
「数と計算」領域の
教材づくりと授業デザイン

第3章
「図形」領域の
教材づくりと授業デザイン

第4章
「測定」領域の
教材づくりと授業デザイン

第5章
「変化と関係」領域の
教材づくりと授業デザイン

第6章
「データの活用」領域の
教材づくりと授業デザイン

第**1**章

資質・能力を育てる授業をデザインするための
算数教材づくりのポイント

教科書を見比べ，
「同じ」と「違う」をあぶり出す

5年「四角形と三角形の面積」など

「教材づくり」について考える前に，まずは「教材研究」について考える必要があります。
　では，教材研究とは，具体的に何を使ってどのように取り組めばよいのでしょうか。
　また，短い時間でも質の高い教材研究を実現していくにはどうすればよいのでしょうか。

1　教材研究とは

「教材研究が大切だと言われるけれど，正直，何をどのようにすればよいのかがよくわからない」といった声をよく聞きます。

ベテランの先生であればまだしも，特に若い先生方にとっては大きな悩みの1つなのかもしれません。

中には，自身が研究授業をすることになって，はじめて教材研究に本格的に取り組んでみようと考えている方もいると思います。

では，教材研究とは具体的に，何をどのようにすることを指すのでしょうか。

明確な定義が1つに決まっているわけではないものの，私は大きく次の2つの視点で考えています。

❶扱う学習内容の意味と学びの価値を理解する

授業を行う際は，**扱う対象となる学習内容が数学的に，そして教育的にどういった意味をもっているのかについて教師自身が深く理解しておくことが大切**です。

特に，算数は学習内容の系統が重視される教科ですから，今日扱う学習内容が，それまでの学習とどのように関連していて，これから先の学習にどのようにつながっていくのかを理解しておくことは大変重要です。

そのうえで，**その学びの価値は何なのかを明らかにしておく必要があります**。

しばしば，「おもしろそうなネタだから」という理由だけで，トピック的に特定の学習内容を扱うといったことが見られますが，「その学びの価値は何なのか」という視点で十分に検討したうえで行いたいものです。

子どもに確かな資質・能力を獲得させていくためにも，扱う学習内容にどんな意味があり，その学びにどんな価値があるのかについては，必ず明確にしておく必要があるのです。

❷目の前の子どもの実態に合うように調整する

どんなに大切な学習内容だとしても，目の前の子どもたちの実態にフィットした扱いができなければ意味がありません。

例えば皆さんが，「すばらしい内容だよ」と言われて薦められた本があったとしても，それが今の自分の力では読

み解くことができない難解な文章で書かれていたなら，そこからは何も得ることができないはずです。

これは，子どもにとっての授業でも同じことが言えるのです。

ですから，扱いたい学習内容を目の前の子どもたちに合うように調整する過程は，教材研究における重要なポイントでもあると言えます。

この「調整」とは，問題で扱う数値や図形などの検討に留まらず，問題の提示の仕方，どこで何について自力解決をさせたり，焦点化して全体交流の場をもったりするのかといった，授業の構成の仕方の検討も含まれています。

たまに，「書籍に掲載されていた授業を自分の学級でやってみたところ，全然うまくいかなかった」といった声を耳にしますが，その多くは，この調整の過程を省いてしまっていることが原因であると言えます。

どんなにすばらしい指導案が目の前にあったとしても，学級の子どもの実態に合うように調整がなされていなければ，授業は成立しないのです。

2 だれでもすぐにできる教材研究の方法

❶どのように教材研究をするか

教材研究が何であるかについては，ざっくりとおわかりいただけたでしょうか。

では，次にこうした教材研究をどのように行っていけばよいのかについて考えてみましょう。

本来であれば，過去の研究論文や様々な資料，実際の授業などを分析したり，同じ授業を複数の学級で実施し，それらを比較したりするなど，様々な研究の仕方があります。

　しかし，毎日何時間もの授業を抱えている私たちにとって，これを日々行うことは現実的ではありません（ただし，年に一度でもよいので，研究授業などの際にじっくりと取り組んでみることをおすすめします。こうしたプロセスを積み重ねることで，自分の力が大きく高まることを実感していけるはずです）。

　そこで，いつでも取り組める教材研究として，**「教科書を見比べる」**という方法をご紹介します。

❷教科書を見比べる

　教科書を見比べる際のポイントは，**「同じ」**と**「違う」**をあぶり出すことです。

　算数の教科書会社は，現在全部で６社あります。教科書というのは，日本で最も発行部数の多い書籍とも言えますから，それだけ高いクオリティが保証されているのです。

　そもそも，国の検定を受けるものですから，適当な内容は掲載することができません。

　しかも，長い歴史の中で何度も改訂を重ね，そのたびに改善されてきているものです。巷の書籍を買うよりも，確実に質が担保されていると言えるでしょう。

　そんな教科書ですが，出版社によって，同じ学習内容であっても扱い方が少しずつ違います。

「違う」ということは，そこに各々の教科書会社の考え方の違いが表れているということであり，それぞれのよさが出ている部分であるとも言えます。

　一方，どの教科書にも「同じ」部分があります。これは，絶対にこのように扱っておくべきところ，つまり，マストの内容であると考えるとよいでしょう。

❸「同じ」と「違う」をあぶり出す

　このように考えると，「同じ」と「違う」部分を教科書で確認するだけでも，「実態に合わせて扱いを変えて考えるべきところはどこか」「絶対に外せない大切なポイントは何か」がみえてきます。

　では，実際に具体的な教材を例に，教科書の「同じ」と「違う」をあぶり出してみたいと思います。

　5年「四角形と三角形の面積」の単元です。

　この単元の導入場面について，全6社を比較してみます。細かいところまで見るとたくさんありますが，大きくは次のような点で学習内容の扱いに違いがあります。

　まず，扱う対象の図形ですが，6社中5社は平行四辺形，残りの1社は（直角）三角形です。この違いがわかったなら，これが子どもたちの見方・考え方にどのような影響を与えるのかを分析することが大切です。

　平行四辺形の求積から扱った場合について考えてみましょう。この場合，次のようにこれまでに学習した長方形や

正方形と平行四辺形の違いから問題意識を引き出していく
ことができると考えられます。

 斜め×横でも面積を求められるのかな…?

　また，考え方としては，下記のような「等積変形」のア
イデアが中心となります。

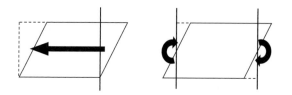

　一方，三角形の求積から単元を導入した場合はどうなる
でしょうか。この場合は，等積変形，倍積変形，どちらの
考え方も扱うことができます。

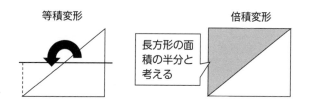

　これらのことから，これまでの学習とのつながり，難易
度のことを考えるのなら平行四辺形から，面積の求め方に

ついて単元導入から多様な考え方を引き出していきたいのなら三角形から扱う方がよいと判断できるでしょう。

❹共通点

　こうした「違う」がある一方，各社「同じ（共通点）」もあります。例えば，一般三角形の求積で扱う図形を見ると，その三角形の高さは全社４cmに設定されています。

　はずかしながら，私は新卒１年目のとき，この場面で安易な判断から高さが５cmの三角形を扱ったことがあります。当時の私は数値１つで何かが変わるなどと思いもしていなかったのですが，これが子どもの考え方を大きく左右する大切な要素であることに，後で気づいたのです。

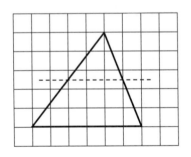

 高さを半分にする考え方が出てこない…

　このように，**教科書を比較しながらその意味について考えていけば，教材に対する理解は深まっていき，教材研究力も確実にアップしていく**のです。

教科書を「マイナーチェンジ」する

3年「わり算」など

「おもしろいネタを探すより，教科書でしっかり
教えられることが大切」とよく言われますが，教科
書の問題をそのまま扱っても，子どもが意欲的に取
り組んでくれないことも少なくありません。
　どうすれば，子どもが主体的に問題に働きかけた
くなる教材をつくることができるのでしょうか。

1 教科書を活用した教材づくり

❶教科書の問題では，子どもは意欲的に学ばない？

　教科書の問題では，子どもが意欲的に学ばない。

　こうした声は，多くの先生から聞く悩みの１つです。

　もちろん，学級の子どもたちが学ぶ集団としてしっかり
と育っていれば，子どもたちは教科書の問題で十分に意欲
的に学ぶものです。

　しかし，そもそも算数の学習に対して興味や関心を失っ
ていたり，「嫌いだ」と決めつけて拒絶したりしているよ
うな子どもに対しては，何らかの手立てが必要になってく
るでしょう。

　とはいえ，何時間もかけて新しい教材を開発する時間な
ど私たちにはありませんから，**短時間で取り組める教材づ
くりの方法を身につけておくことはとても大切**です。

❷教科書のマイナーチェンジ

そこで取り入れたいのが，教科書を「マイナーチェンジ」するという方法です。

教科書の問題や構成自体は，大変すばらしいものです。

しかし，教科書は全国のどこの学校，どの先生でも使用できるようにつくられているものですから，**個々の学級の実態にカスタマイズされているわけではありません**。

ですから，この教科書という優れた素材を生かし，それを少しだけつくり変えていこうというわけです。

本書では，そうした教材づくりの手立てを数多く掲載しています。

その中でも，まず，「学ぶ姿勢」のベースづくりとしては**「成立していない問題」にする**という方法を取り入れていくのが有効でしょう。

この手立てにより，算数の学習に意欲的に取り組み，互いの考えを活発に交流する子どもの姿を引き出していくことができます。

2 考えたくなる，話したくなる教材づくり

❶「おかしいよ！」の声を引き出す

では，3年「わり算」を例に，具体的な教材づくりの実際を見てみます。

「わり算」の学習の導入では，一般的に次のような問題場面から導入されることが多いと思います。

> あめが12こあります。1ふくろに4こずつ入れると，何ふくろに分けられるでしょうか。

こうした問題を，例えば，次のようにつくり変えてみるのです。

> あめが<u>13こ</u>あります。1ふくろに4こずつ入れると，<u>ちょうど</u>何ふくろに分けられるでしょうか。

この問題を見た子どもたちからは，すぐに様々な声が上がってくるはずです。

えっ!?　これ，おかしいと思うんだけど…

あめをぴったり全部袋に分けられないよ！

 えっ，本当に!?　そんなことないと思うけど…

絶対に無理。だって4つずつなんだから…

1個だけ袋に入らない！

❷説明したくなる場

　子どもたちからは，このように問題がおかしいと思う点について，たくさんの声が上がってきます。

　中には，前述のように図を用いて説明しようと前に出てくる子もいるでしょう。

　このように，「成立していない問題」というのは，**意欲的に問題場面にかかわり，その問題点を明らかにしようと説明する子どもの姿を引き出すことができる**のです。

　こうした子どもたちの心理は，私たち大人の場合に置き換えて考えてみると，とてもわかりやすいと思います。

　例えば，次のようなことをある日突然学校から言われたなら，皆さんはどう思うでしょうか。

　「今日から，学校給食のメニューはそのままに，代金を月10万円にしたいと思います」

　きっと，「それはおかしい！　そんなに材料費はかからないはずだし…」と，黙っていられなくなるのではないでしょうか。

　これは，子どもも同じなのです。

　問題として提示されているのに，それが問題として成立していないとなれば，だれもが「おかしい！　だって…」と言いたくなるというわけです。

❸広がる学び

　この後，この授業では，子どもたちの考え方はさらに大きく広がっていきました。

確かに，1個あまってしまうね。では，あめが何個だったら，ぴったり袋に分けて入れられるかな？

12個ならいいよ！

8個でも大丈夫！

4の段の数なら，何でもいいんじゃないかな？だって…

　ここまでの展開を見るとわかるように，「成立していない問題」について考える過程を通して，この時間に大切にしたい，算数の本質的な学びにかかわる言葉がたくさん表出してきます。

　そして，<u>1つの場面に固定されることなく，「…個の場合なら」と，複数の場合に学びが広がっていく</u>のです。

　ちなみに，この事例では，「あまり」についての気づきが子どもたちから生まれてきました。

　これにより，後の単元である「あまりのあるわり算」の学習では，このときのことを思い出しながら，子どもたちは学びをより深めていくことができたのです。

「３つの視点」から，
オリジナル教材づくりを始める

1年「図を使って考えよう」など

> 　教科書の問題の扱いに慣れてきたら，自分なりのオリジナルな教材づくりにも挑戦してみたくなるものですが，一方で，そのハードルは高いもののように感じられます。
> 　どうすれば，子どもが自ら意欲的に学ぶような教材をつくることができるのでしょうか。

1　オリジナル教材をつくるための「３つの視点」

❶教材づくりのファーストステップ

　「教科書の問題をそのまま提示するだけでなく，学級の実態に合った教材を自分の手でつくってみたい」

　このような思いをもたれている先生から，しばしば相談を受けることがあります。

　基本的には，教科書の内容がとても優れていることを確認したうえで，教材づくりのファーストステップとして，私は次のような **「３つの視点」** でアドバイスをすることにしています。

> ①問題を構成している要素を洗い出す
> ②その要素のうち，どれを問う問題にするかを考える
> ③どの要素を変えるかについて考える

❷教材づくりの3つの視点＋α

もちろん，より緻密で凝った教材をつくりたいのなら，この3つ以外にも考えるべきことはあります。

例えば，以下のようなものが考えられます。

> ④問題の提示の仕方を考える（「一部を隠す」など）
>
> ⑤どのような順番で提示していくのかを考える
>
> ⑥提示する情報量を考える（情報過多の問題にしたり，逆に情報不足の問題にしたりする）

しかし，まずは前述の3つをしっかりと自分なりに考え，調整し，設定できるようになることが，教材づくりのファーストステップだと言えます。

本項では，この3つに絞り込んでお伝えします。

2 「3つの視点」で始める教材づくり

❶問題を構成している要素を洗い出す

では，先に示した教材づくりの「3つの視点」を確認していきましょう。

まずは，とにもかくにも「問題を構成している要素を洗い出す」という過程が大切になります。

例えば，教科書や問題集などを基に，授業の素材となる問題を選びます。

これが決まったなら，**その問題はどんな要素で構成されているのかを一つひとつ取り出していく**のです。

ここで言う「要素」とは，問題の解決に関係する条件の
ようなものだと考えていただくとよいと思いますが，以下
の問題を例に具体的にみてみましょう。

> 　Ａさんは前から５番目にいます。
>
> 　Ａさんの後ろには３人います。
>
> 　全部で何人ならんでいるでしょう。

○登場人物→Ａさん

○数量→<u>５，３，８（答え　※問題では示されていない）</u>

○問題の解決にかかわる言葉

　→<u>前から，後ろに，番目，人，全部で</u>

❷その要素のうち，どれを問う問題にするかを考える

　次に，その要素の中のどれを問う問題として設定するの
かを考えていきます。

　上の問題では，全体の人数（８人）を問う問題となって
いますが，これをもし「５番目」の方を問う問題に変えた
なら，次のようになります。

> 　Ａさんは前から□番目にいます。
>
> 　Ａさんの後ろには３人います。
>
> 　全部で８人ならんでいます。
>
> 　Ａさんは前から何番目にならんでいるでしょうか。

これだけでも，ちょっとおもしろい問題になっているのがおわかりいただけるでしょうか。

少し難しくなったように思いますが，その分，**図に表して考える必要感が強く引き出される問題になった**とも言えます。

きっと，この問題を通して子どもたちは，「図に表すことで場面が捉えやすくなる」ということを実感することができるはずです。

教材の扱いについては，難易度だけで判断するのではなく，このように**教材が子どものどんな姿を引き出すのかを考えていくことが大切**になります。

時折，「こんな難しい問題だと，自分のクラスでは手をつけられない子どもがたくさん出るから無理です」とおっしゃる方がいるのですが，1人では解けない問題を扱うからこそ，集団で学ぶ意味があるのではないでしょうか。

そもそも，どの子も1人で解けてしまう問題ならば，家庭学習の練習問題に回してもよいのです。わざわざ授業で扱う必要はないとも言えるでしょう。

❸どの要素を変えるかについて考える

このように，問うべき要素の検討と同時進行で考えたいのは，「どの要素を変えるか」ということです。ただし，これは必ず変更しなければならないということではありません。

ここで大切にしたいのは，**変更することで，問題の質が**

どのように変わるのかを，教師自身が把握することです。

これが，教師自身の教材に対する理解につながっていくのです。

　先ほど洗い出した要素をもう一度確認してみましょう。

○登場人物→Ａさん
○数量→５，３，８（答え　※問題では示されていない）
○問題の解決にかかわる言葉
　→前から，後ろに，番目，人，全部で

　「問題の解決にかかわる言葉」というのは，この問題のクオリティを決定する大切な要素です。

　つまり，**これを変えると問題が質的に大きく変わる**ということです。

　例えば，「番目」という言葉を「人」に変えてみます。

　Ａさんの前には５人います。

　Ａさんの後ろには３人います。

　全部で何人ならんでいるでしょう。

　確認ですが，「５人」というような量を表す数のことを「集合数」と言います。一方，「５番目」といったように順序を表す数を「順序数」と言います。

　つまり，上記のような問題文に変えると，集合数のみを扱う問題に変化させることができるということです。

全体の人数を求めるには $5 + \overset{\bullet}{1} + 3$ となりますから，式と図を結びつけて考えるべき良問となるでしょう。

また，これを❷で扱ったように「問う場所」についても変えるのなら，次のような問題ができ上がります。

> Ａさんの前には□人います。
> Ａさんの後ろには３人います。
> 全部で８人ならんでいます。
> Ａさんの前には何人いるでしょうか。

先ほども述べましたが，「難しいから無理だ」と安易に判断せず，ぜひ，こうした問題を積極的に授業で扱ってみてください。

意外にも，**子どもは適度に難しい問題に夢中になる**ものです。

この問題を通して，図に表しながら意欲的に学ぶ子どもの姿を引き出していくことができるはずです。

❹＋α

ここまでの３ステップで，教材づくりの基本的な手順をおわかりいただけたと思います。

もし，もう少し教材づくりを極めたいとお考えの場合は，前述のような他の視点についても考えてみてください。

例えば，このような問題をつくることもできます。

全部で何人ならんでいるでしょう。

　　Aさんは前から5番目，Bさんは後ろから7番目です。

　　（①AさんとBさんの間には2人います）

　　（②ならんでいる人数は10人より少ないです）

　この問題は実際に授業で扱ったものですが，問題文中の（　）の2文については，授業導入段階では子どもたちに提示していません。

　①の文は，子どもたちから「AさんとBさんの間の人数が知りたい！」という声が上がってから示しました。

　また，②の文については，話し合いの中で「この問題は，14人の場合と8人の場合の2パターンある！」という話題が子どもから出されてから示しました。

　こうした提示の仕方の工夫を考えるだけでも，授業の展開は大きく変化していくのです。

14人　○○○○Ⓐ○○Ⓑ○○○○○○

8人　○Ⓑ○○Ⓐ○○○

　ちなみに，この問題は，要素を加えたり変えたりしたうえで，提示の仕方，問う場所，問題文の順序，自力解決と全体交流の設定を検討してつくったものです。

「問題の構成要素を組み立て直す」ことで，オリジナル教材を生み出す

6年「分数のかけ算」など

> 教科書を「マイナーチェンジ」する教材づくりや，「3つの視点」による基本的なオリジナル教材づくりに慣れてきたら，もっとオリジナリティのある教材づくりにもチャレンジしたくなるものです。
> どうすれば，プラスαの視点による教材づくりがうまくできるのでしょうか。

1 教材づくりの次のステップ

前項では，教材づくりのファーストステップとして，次の「3つの視点」について述べました。

①問題を構成している要素を洗い出す

②その要素のうち，どれを問う問題にするかを考える

③どの要素を変えるかについて考える

ここでは，この基本を押さえたうえで，さらに充実した教材をつくるための次のステップとして，プラスαの視点に基づく教材づくりについて考えていきます。

④問題の提示の仕方を考える（「一部を隠す」など）

⑤どのような順番で提示していくのかを考える

⑥提示する情報量を考える（情報過多の問題にしたり，逆に情報不足の問題にしたりする）

2 教材づくりのセカンドステップ

❶問題の提示の仕方を考える

「教材をつくる」とは，「どんな問題を扱うか」を考える
だけでなく，それを「どのように扱うか」ということも含
めて考える必要があります。なぜなら，**まったく同じ問題
を授業で扱ったとしても，その提示の仕方次第で子どもの
考え方や授業の展開が大きく異なってくるから**です。

つまり，問題の質の検討だけではなく，それを授業の中
でどのように子どもに見せていくかといった「演出」も考
えておくことが重要なのです。

右の図形を見てください。

6年「対称な図形」の学
習です。例えば，これを提
示し「この図形にはどんな
特徴があるかな？」と問う
場合と，下のように画用紙
で隠した図形を少しずつ見

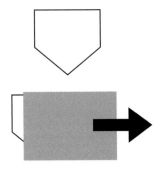

せていく場合では，どんな違いがあるでしょうか。

扱っている図形自体は同じですが，2つの授業で子ども
の反応はまったく異ってきます。そのまま図形を提示した
場合に比べて，少しずつ図形を提示した方の授業では，
「隠れている部分が予想できたよ！」「鏡みたいになってる
んじゃないかな？」「ここに縦に辺があると思う」と，**子
どもたちが図形に強く働きかける姿が生まれる**のです。

文章による問題提示の場合でも同じことが言えます。

例えば，下記のような問題文があるとします。

> 　1mの重さが$\frac{3}{4}$kgの棒があります。この棒が$\frac{3}{5}$mになったときの重さは何kgになるでしょう。

これを，1文ずつ，または文節ごとに提示するのです。

『1mの重さが』

→「どれぐらいかなぁ…」

　「1kgはないんじゃないかな？」

『$\frac{3}{4}$kgの棒があります』

→「1kgより少し軽いね」

『この棒が$\frac{3}{5}$mになったときの重さは』

→「ということは…短くなったんだ！」

『何kgになるでしょう』

→「$\frac{3}{4}$kgよりは絶対に軽いはずだよ」

このように，子どもたちは<u>まだ見えていない（問題文として示されていない）部分に対して強く働きかけ，場面の様子をイメージしていくようになる</u>のです。

❷どのような順番で提示していくのかを考える

ここでもう1つ加えて考えておくとよいことがあります。それは，どのような順番で提示するかということです。この問題で，提示の順番を変えるとどうなるでしょう。

『この棒が $\frac{3}{5}$ mになったときの重さは』

この棒って，どの棒？

『何kgになるでしょう』

どんな重さの棒？　このままじゃわからない…

1 mの重さがわかればなぁ…

『この棒は，1 mの重さが』

あっ，これでわかりそう！

長さが1 mの $\frac{3}{5}$ になるから重さも $\frac{3}{5}$ になるはず。

『 $\frac{3}{4}$ kgです』

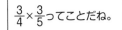

$\frac{3}{4} \times \frac{3}{5}$ ってことだね。

　このように，提示の順番を変えただけでも，**問題を解決するために，どんな情報が必要なのかについて子どもが考える場が生まれる**のがおわかりになると思います。

　ですから，学級の実態やその時間のねらいに合わせて，「提示の仕方」とともに，その「提示する順番」についても考えておくことがとても大切なのです。

❸提示する情報量を考える

　算数・数学の学習で扱われる一般的な問題では，テスト

も含め多くの場合，問題の解決に必要な数量だけが示されます。

　つまり，極端な話，算数の内容であれば，**問題文の中に出てくる数値と四則演算記号（＋－×÷）を組み合わせるだけで，答えを導き出すことができてしまうのです。**

　このように考えると，問題として提示する情報量を変えていくということも，子どもの問題解決力を高めるためには大切なことだと言えるのです。

　では，情報量をあえて多くして提示する場合について考えてみましょう。先の問題であれば，次のような問題に変えていくことができます。

棒Aが$\frac{3}{5}$mになったときの重さは何kgでしょう。

棒Bの１mの重さは$\frac{2}{5}$kgです。

棒Aは棒Bよりも$\frac{7}{20}$kg重たいです。

棒Aの１mの重さは$\frac{3}{4}$kgです。

　このように，解決に必要な情報以外の情報も一緒に提示するわけです。すると，子どもは**「どの数値を使うと問題の解決につながるのか」について考える**ことになります。

　この方法についての詳しいことは第２章冒頭の項で述べていますので，ぜひそちらもご覧ください。

　一方で，問題の中で示す情報量をあえて不足させる場合は，どうなるでしょうか。

例えば，次のような問題を例に考えてみます。

> 69枚の折り紙を3人で同じ数ずつに分けます。
> 1人分は何枚になるでしょう。

この問題文には，解決に必要な数値，言葉が示されています。この中の情報をあえて少なくして提示します。

> この折り紙を3人で分けます。
> 1人分は何枚になるでしょう。

えっ，この問題何か変じゃない？

「この折り紙」って，いったい何枚あるのかわからない！

というか，この文の通りだとすると，「同じ数ずつ」には分けなくてもいいってことかな？

こうして，子どもたちは「この折り紙」が何枚であるか，そして，わり算の問題として成立させるのなら「同じ数ずつ」という言葉が必要であることを明らかにしていくことができました。

このように，情報量をあえて不足させることで，**子どもたち自身が問題をつくっていく場を学習の中に位置づけることができる**のです。

「子どものつまずき」を，
授業デザインの中心に置く

2年「水のかさの単位」など

実際に授業を行ううえでは，教材だけでなく，それを使ってどのように授業をデザインしていくのかについても考える必要があります。
どの子にとっても意味のある学びを実現したいものですが，どのようなことを中心に考えて授業をデザインすればよいのでしょうか。

1　授業デザインの中心に何を置くか

　皆さんは，算数の授業づくりについて考えるとき，何を中心に考えているでしょうか。

　教える「内容」でしょうか。

　授業の「楽しさ」でしょうか。

　「問い」の質でしょうか。

　働かせたい「数学的な見方・考え方」でしょうか。

　こうしてあげていくときりがありません。

　そもそも，「何を中心に考えているか」と言われても，なかなか1つに決めるのは難しいところでしょう。

　実際，ここにあげていることは，どれも大切なことばかりです。

　ただ，強いて1つに絞るとすれば，私はいつも「子どものつまずき」を中心に置いて考えるようにしています。

　子どものつまずきを中心にすることで，**授業づくりがと**

てもシンプルになり，そのうえ，大切なことのほとんどを漏れなく考えることにつながっていくからです。

2 「子どものつまずき」から考える授業づくり

❶つまずきを中心とした授業につくり変える

実際の例を基に考えてみましょう。

2年「水のかさの単位」の，かさの計算についての学習場面です。

水がバケツに6L，ペットボトルに1L3dL入っています。

合わせたかさはどれくらいでしょう。

まず，この問題場面で授業づくりをする場合について考えてみましょう。

もしかすると，計算方法の確認をして，あとは練習問題…といった展開もあるかもしれませんが，もちろんこれでは授業としてあまりにもお粗末です。授業とは，単なる「方法の伝達」の場ではないからです。

ですから，この授業を「子どものつまずき」を中心としてデザインするのです。

❷つまずきの原因を考える

まず，最初に考えていただきたいのは，「もし，この問題でつまずく子どもがいるとすれば，どんなところだろう

か」ということです。

　きっと，皆さんの頭に今思い浮かんでいるのは，「単位の大きさが違う2つの量，つまり，6Lと3dLを誤ってたしてしまう」といった子どもの姿ではないでしょうか。

　実際の学力テストなどでも，このように「異なる大きさの単位同士の量をたしてしまう」ことは，誤答としてよくみられます。

　このように考えてみると，この学習でつまずくことの一番の要因は，「単位の大きさが異なることに対する意識の低さ」であることが想像できます。

　つまずく子どもたちは，単位の重要性をよく理解しておらず，「数値の後についている記号」程度に捉えてしまっている可能性があるわけです。

　こうして，つまずきの原因が単位の大きさの違いに注目できていないことだとわかれば，これを，この場面での授業づくりの柱としていけばよいことがわかります。

　ちなみに，この「単位の大きさに着目して考える」というのは，「数学的な見方・考え方」と言われるものの1つです。

　つまり，「子どものつまずき」を分析するということは，結果的に，その場面で大切になる「数学的な見方・考え方」を捉えることにもつながっているのです。

❸なぜ，L と dL をたしてはダメなのか

単位の大きさが違う数値（例えば，L と dL がついている数値）をたしてはいけない。

これは，計算方法のルールとしてはすでに知っている子どもも多くいます。しかし，「なぜ，たしてはダメなのか」と問われて，その理由を明確に説明できる子どもなどほとんどいません。

ですから，実際の授業では「6L と 3dL」をたしている誤答を取り上げ，「なぜたしてはダメなのか」について全員が考える場をつくっていくのです。

もし，こうした誤答が子どもから出てこなかった場合には，「6L と 3dL をたしてはダメなの？」と，全体に問うていく必要があるでしょう。

子どもから誤答が出なかったからといって，単位の大きさが違う数値をたしてはいけない理由をみんなが理解しているわけではありません。こうした場合は，教師側から話題に上げていく必要があるのです。

水がバケツに6L，ペットボトルに1L3dL入っています。合わせたかさはどれくらいでしょう。

・7L3dL

・1L9dL

6L と 3dL をたしたらダメだよ。塾で習ったもん。

6L と 3dL はたしてはダメなんだね。なぜたしてはダメなの？

えっ，だって…，単位が違うから
たしたらダメだと思うよ。

 単位が違うのにたすと，何か問題があるの？
ちょっと考えてみましょう。

 単位が違うってことは，入れ物の
大きさが違うってことだから…

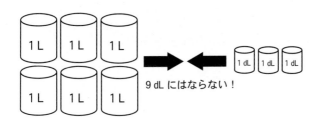

9 dL にはならない！

 6 L に 3 dLをたしても，9 dLや
9 L にはならないよ！

「状況が変化し続ける教材」で，問いが持続する授業をデザインする

2年「かけ算」など

　教材を工夫し授業の導入は盛り上がったものの，全体での交流が始まると急にトーンダウンし，発言する子どもが一部になってしまう。算数授業でよく見られる大きな課題です。どうすれば，子どもたち全員の問題意識が最後まで持続するような授業をデザインすることができるのでしょうか。

1　「問い」の連続

❶授業後半でトーンダウンする要因

　授業の導入は盛り上がったのだけれど，自力解決が終わったあたりからトーンダウン。全体交流では次第に話を聞かない子どもが続出し，最終的には数人の子どもが話しているだけ…。

　一生懸命教材を準備したはずの授業であっても，そういった展開になることがよくあります。

　では，このような展開になってしまうことの要因は，どこにあるのでしょうか。

　もちろん，教師の授業展開力であったり，教師が考えさせたいことと子どもたちの実態とがずれていたり…と，様々なことが考えられます。

　しかし，実は<u>「問題意識が途切れてしまう」ことが，一番の要因になっている</u>場合が多いのです。

導入では，強い問題意識が生まれたものの，自力解決が終わったあたりからその意識が弱まり，全体で交流している間に完全に消失してしまう…。

　子どもの意欲が極端に減退していくような授業では，おおよそこういったことが起こっていると考えられるのです。

❷子どもの問題意識が最後まで続くようにするには

　こうした状況を改善するにはどうすればよいかというと，結論としては「子どもの問題意識を最後まで引き出し続ければよい」ということになります。

　ただし，これは必ずしも，１つの「問い（問題意識）」を最後まで継続させるという意味ではありません。<u>授業の中に複数の「問い」が連続するようにしていけばよい</u>ということです。

　授業展開力に長けた先生であれば，常に話題を焦点化しながら問題の所在を明らかにし，子どもの中に「問い」を連続して生んでいく技術があるでしょう。

　一方で，技術ではなく，<u>教材そのものに「問い」が連続するようなしかけを組み込んでいくこともできます。</u>

2 状況が変化し続ける教材

❶「問い」を生む

2年「かけ算」の学習では，次のような問題が扱われる代表的な場面があります。

右の●の数を，工夫して
求めましょう。

この教材は，子どもが複数の考え方を見つけられるというよさがあります。一方で，全体交流では「方法発表会」のような間延びした授業展開になったり，問題意識が途切れたりする典型的なケースとも言えます。

そこで，**「状況が変化し続ける教材」**にするという視点で，授業をリデザインしてみます。

はじめに，次のように問題を提示します。

●をかぞえるのに，□×4という式にしました。

このように，紙で隠して図の一部分だけを提示することにより，子どもたちの中に，「●がどうやって並んでいるのか」という「問い」を生んでいくのです。

どうやって●が並んでいるかわかったよ！

×4だから，縦に●が4個並んでいると思う。

でも，横に4個並んでいるかもよ。

❷「問い」を連続させる

　「縦や横に●が4個の並んでいる」というイメージを全体で確認したところで，この先をもう少し見せていきます。

あれ？　縦にも横にも4個並んでない！

わかった，3×4になっているんだ！

えっ，どういうこと？

3×4になってるという人がいるね。
気持ちがわかるかな？

 きっと，●がこうやって並んでいると
考えたんじゃないかな？

これがどうして3×4なの？

　子どもたちは隠れて見えない部分の並び方を想像し，●が左上図のように12個並んでいると考えていきました。

　ここで，これが3×4に見える理由を問うていくと，子どもたちからは2つの考え方が出てきました。

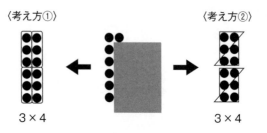

〈考え方①〉　　　　　　　　　　　〈考え方②〉

3×4　　　　　　　　　　　　　　3×4

　ここまでのプロセスにおける子どもの問題意識をたどると，次のように変化していることがわかります。

・●はどうやって並んでいるのかな？

・3×4と考えている人は，どんな●の並び方を想像しているのかな？

・この12個の●を，どうすれば3×4と見ることができるのかな？

　このように，**状況が変化する教材のしかけによって，子どもたちの「問い」も連続しながら変化している**のです。

❸隠れている部分を想像する

状況はさらに変化していきます。

でも，3×4とは限らないよね。もしかすると，隠れているところにまだ●があるかもしれない。

確かに，4×4かもしれないよね。

そうそう，わかる！

えっ，なんで4×4なの!?

この段階で子どもたちは，**「4×4と言っている人は，どんな図を想像しているのだろうか」という新たな「問い」に向かって考え始めています。**

そこで，近くの人と「4×4とはどういうことか」について相談する時間を取ることにしました。すると，4×4にかかわるイメージが，次々と出てきました。

今，見えているところが4のまとまりが3つ。だから，隠れている右側に，この4のまとまりがもう1つあるんじゃないかなと思って。

そうそう，こんな感じだと思う。

 こんな場合もありえるよ。

❹互いの見方を捉える場

　ここまで子どもたちの考え方が広がったなら，図の全体を提示していきます。

えっ，まだ●が隠れていたんだ！
6×4に見えるよ…

私も！

僕も6×4が見える！

　この後，子どもたちは自分が捉えた6×4の見方を図に表現していきました。そして，互いの図を見ながら，友だちがこの図をどのように見て6×4だと考えたのかを捉えていったのです。

6のかたまりを4つにしたんだね。

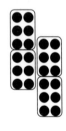

右半分をずらして，縦6横4にしたんだね。

　このように，**刻々と状況が変化していく教材を扱うことによって，子どもの「問い」も最後まで変化し，連続していく**ことがおわかりいただけたでしょうか。

　こうした教材のしかけにより，子どもの追究意欲を常に引き出し，最後まで問題意識が持続する授業を行うことができるのです。

第2章

「数と計算」領域の
教材づくりと授業デザイン

「答えを出せない問題」で，
自ら図を活用する態度を養う

1年「3つの数の計算」，5年「小数のかけ算」など

問題を黒板に提示すると，子どもたちはすぐに式をノートに書き始めます。結果的に，問題場面をよく捉えられていなかったり，立式を誤っていたりすることがあります。とはいえ，「図を使いなさい」と伝えても，自ら図を活用する態度が育つわけではありません。どうすればよいのでしょうか。

1 答えを出せない問題にする

❶図をかきたくなるとき

皆さんは，普段の生活の中で何かについて図をかいて考える場面がどれほどあるでしょうか。

私の場合，普段から次のような場面において図を活用して考えることがあります。

・これまでに考えていたこととのずれを感じた場面
・情報が多かったり，混乱したりするような場面
・言葉だけでは他者に上手く伝わらない場面

上記の3つの場面は，いずれも「ずれ」「混乱」「伝わらない」といった，**心的に「不安定」な状態**が生まれています。つまり，授業場面でも，同様に子どもの中にこうした心的な「不安定さ」を生むことができれば，「図に整理し

たい」という子どもの思いを引き出していくことができるというわけです。

❷図に整理したくなる問題

そうした考え方を取り入れた教材づくりの方法が，「**答えを出せない問題**」にするというものです。

次の問題を見てください。

> バスに９人乗っています。バス停で３人降りました。次のバス停では４人が降りました。今，バスには何人の人が乗っているでしょう。

実際には，これを絵で提示する場合もあるかもしれません。こうした問題を考えさせる場合には，ブロックを手元に用意させたり，ノートに図をかかせたりと，何らかの図的表現を用いて場面を捉えさせていくことが大切です。

しかし，放っておいても子どもはあまり図を使ってはくれません。一見，図を積極的に使う子どもたちが多い学級もありますが，**「図を使って考えること」がシステム化されている（きまりごとになっている）場合がほとんど**です。これでは，子ども自らが「図を使って考えようとする力」を育てることはできません。

そこで，図に表す必要感を引き出すために，「答えを出せない問題」につくり変えるのです。

> バスに9人乗っています。バス停で6人降りました。
> 次のバス停では4人が降りました。今，バスには何人
> の人が乗っているでしょう？

❸「図に表して考えたい」という思いを高める

　子どもたちからはすぐに，「この問題はおかしいよ！」
「数が足りなくて，3から4はひけないよ！」などといっ
た声が上がり始めます。

　「えっ，どういうこと？」と教師がとぼけて切り返すと，
子どもはさらに「だから…」と言って，ブロックなどを使
って説明しようと動き出します。**どの子も，この問題場面**
がおかしいことを伝えたくて仕方ないからです。

　こんな思いが高まったところで，「では，ノートにこの
問題のどこがおかしいのか，証拠を書いてごらん」と伝え
ると，子どもたちは勢いよくノートに図をかき始めます。
そして，図やブロックの操作を通して，この問題のどこが
おかしいのかを意欲的に説明する姿が引き出されます。

この問題はおかしいよ，絶対！

 ノートに証拠を書いてごらん。

 数が足りないよ！

2 情報過多の問題にする

❶整理したくなる場面

　人は，捉えようとしている対象の情報が多過ぎたり，複雑だったりすると，それを整理したいという気持ちが生まれてきます。こうした心理を利用し，「図に表したくなる」思いを子どもから引き出していくこともできます。

> 　リボンAの長さはリボンC（0.7m）の2倍で，リボンBの長さは3mです。また，リボンAの長さはリボンDの0.7倍です。リボンDの長さは何mでしょうか。

　こうした問題は，一見，難易度が上がるように思えますから，扱いを避ける先生がいるかもしれません。しかし，私たちが日常生活で出合う問題場面の多くは，大抵これくらい複雑であることが当たり前です。むしろ，算数以外の情報も多々入るため，これ以上に複雑かもしれません。**それでも，子どもは日常的にこうした問題を乗り越えて生活している**ことを忘れてはいけません。

❷問題場面を整理し，解釈する力を育てる

　ですから，算数の学習の中でも積極的に情報過多の問題を扱っていくことが大切です。

　問題の解き方を身につけさせるのも必要なことですが，

問題場面を整理し，解釈する力を育てていくことも，実はとても大切なことなのです。

リボンAの長さは…

結局求めたいのはDの長さなんだから，これを知るためにはAの長さが必要で…

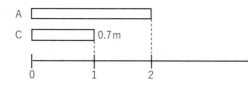

Aの長さは，Cの2倍ということは，0.7×2＝1.4m。これが，Dの長さの0.7倍にあたるから…

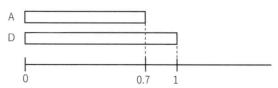

　すでに数直線をかき慣れている子どもたちであれば，一人ひとりに任せて整理させていくとよいでしょう。まだ数直線を使いこなせていない段階ならば，まずは，学級全体で数値の関係性などをゆっくりと確認し，数直線上に整理していきます。

　このような体験を繰り返し経験することで，子どもたちは「図に表すことがいかに便利なことなのか」を実感していくことができるのです。

「問題づくり遊び」「計算リレー」で，楽しく計算技能を高める

2年「ひき算の筆算」，4年「わり算の筆算」など

計算ドリルの問題などを使ってたくさん練習をさせても，算数嫌いが増えるだけで，あまり力がつきません。
では，どうすれば楽しく計算技能を高める教材をつくることができるのでしょうか。

1 問題づくり遊び

❶計算練習で算数嫌いを増やさない

世の中には電卓やPCなど，人間よりもはるかに速く計算できる機械があります。ですから，私たち人間が懸命に計算練習をしてその処理速度を上げたとしても，あまり意味のないことはわかりきっています。

また，計算ドリルなどを大量に押しつけることで算数嫌いを増やしてしまうというのも，旧来型の算数学習が抱える問題点の1つです。

とはいえ，日常生活の中であっても**簡単な見積もりをしたり，概算したことを基に考えを進めたりする場面は多くあります**。ですから，こうしたことに対応できるくらいの計算力は，しっかりと身につけさせておきたいものです。

そこで，計算ドリルだけに頼らず，子どもが楽しく計算

力を身につけ，算数をより好きになっていくような教材づくりの方法をここではご紹介していきます。

❷虫食い筆算づくり

その１つが 「問題づくり遊び」 です。これは，問題づくりを通して，楽しく計算練習にたくさん取り組むことができるようにする教材づくりの方法の１つです。

２年「ひき算の筆算」の学習で取り組んだ「虫食い筆算づくり」の授業を通して説明していきましょう。

はじめに，次のようにひき算の筆算を提示します。そして，あらかじめ用意しておいた□がかかれた紙を見せ，次のように全体に投げかけます。

「これからこのひき算を『虫食い筆算』にしたいと思います。この紙でどこを隠すと，難しくておもしろい問題になりそうかな？」

$$
\begin{array}{r}
6\,2 \\
-1\,4 \\
\hline
4\,8
\end{array}
\quad\longrightarrow\quad
\begin{array}{r}
例\quad\square\,2 \\
-1\,4 \\
\hline
4\,8
\end{array}
$$

ここで大切なのは，「難しい問題にするほどおもしろい問題である」ことを全体で確認したうえで問題づくりに取り組ませること です。こうすることで，子どもたちは「こっちの数を隠す方が難しくなりそうだ」といったように，こだわりをもって深く考えるようになるからです。

❸どこを隠すと難しくておもしろくなるかを交流する

「答えの部分を隠すと，あまりおもしろくないよ」

「ひく数の十の位か一の位のどちらかを隠すと，少し難しくなる」

「いや，ひかれる数を隠す方が難しいよ」

「ひかれる数の一の位を隠すと，□−4＝8になるから，見たときに一瞬，『えっ』てなる」

「十の位を隠した場合は，繰り下がりに気づかないといけないところが難しいよね」

このように，**「どこを隠すと難しくておもしろくなるか」を考えるということは，筆算の計算の仕方や繰り下がり，十進位取記数法の原理について何度も確認することになる**のです。

ですから，計算ドリルでたくさんの問題を解いているよりも，よほど計算の仕方が定着するのです。

上記のような意見を交流し，その意味を全体で共有したら，次に新たな別の筆算を虫食い算にする活動に取り組ませていきます。慣れてきたら，自分で筆算の数値を設定するところから取り組ませてもよいでしょう。

学級の実態によっては，マスキングする場所（□で隠すところ）を2か所に増やすと，活動の幅が広がり，より楽しい活動になります。

私はいつも，**つくった虫食い筆算の難易度を子どもたち自身に★の数で表現させ，互いがつくった問題に取り組む**

ような場も設けています。

　計算練習嫌いの子どもたちも，こうした活動にはいつも夢中になって取り組んでくれています。

2　数カードでリレーゲーム

❶計算リレーで分業ゲーム

　かけ算やわり算の筆算など，そのアルゴリズムが少し複雑な筆算というのは，算数を苦手とする子にとってはとてもやっかいな存在です。

　そこで，これを楽しく習得させるために「計算リレー」を取り入れます。

　例えば，４年「わり算の筆算」であれば，いわゆる「立てる」「かける」「ひく」「おろす」という４つの手続きがあります。計算を不得意とする子は，これを一度にすべて覚えるのにとても苦労しますから，これを分業にして，４つのうち１つだけを１人が担当するようなリレーゲームにするのです。

　はじめに，４人１組になり，自分が「立てる」「かける」「ひく」「おろす」のどこを担当するかを決めます。

　そして，「ようい，ドンッ」の合図で，筆算を書いたノートを順に回しながら，その計算に取り組んでいきます。

　この場合，担当するのは１か所だけなので，計算を苦手とする子どもも，繰り返し取り組んでいるうちにあっという間にそのやり方に慣れていくことができます。

❷交代制を取り入れる

1回戦が終わったら，今度は担当する場所を交代するように伝えます。

このとき，作戦タイムの時間を取ると，**計算が苦手な友だちに対して同じチームの子がやり方を確認したり，コツを伝えたりする姿が見られるようになります**。

こうして4回ゲームに取り組ませれば，結果的にどの子もその計算プロセスをしっかりと身につけることができるというわけです。

他のチームとの対戦型にするのもよいですが，自分たちの自己ベストタイムを目指すという形にすると，どのチームの子どもたちも前向きに取り組み続けられるでしょう。

このようなリレー型の計算ゲームは，他の計算の筆算や，分数の計算処理などでも同じように教材化できます。

楽しい計算練習を通して，算数好きをもっともっと増やしていきたいものです。

「同じを見つけるゲーム」で，数の関係の理解を深める

5年「分数と小数，整数の関係」など

> 小数，分数と学習を進めていくと，その関係を十分に理解できず，混乱してしまう子がいます。また，等しい大きさの分数についても，同じ大きさだと気づくまで時間がかかる子どもがいます。
> どうすれば，こうした数の関係に対する理解を深める教材をつくることができるのでしょうか。

1 「同じ」を見つける力を育てる

❶「同じ」を見つけることの意義

算数では「同じ」を見つける学びがとても大切にされています。等しい大きさの数（0.5と$\frac{1}{2}$，$\frac{6}{4}$と$\frac{3}{2}$，$1\frac{2}{3}$と$\frac{5}{3}$など）や等しい大きさの比，図形の分類，図形の合同や相似など，ひと口に「同じ」といっても，多くの学習場面で様々な文脈での「同じ」が扱われます。

例えば，1年生の教科書のはじめのページでは，「数が同じもの」「色が同じもの」「種類が同じもの」など，「同じ」を見つける学習が位置づいています。

「花」と見れば，すべて同じ仲間。花の「種類」と見れば…

こうした「同じ（共通点）」ところを見つけてそれらを仲間としてみる見方を「集合の見方」と言い，算数・数学ではとても大切にされている数学的な見方・考え方の1つです。このような内容の学習場面では，「同じを見つけるゲーム」にする教材づくりの方法がとても有効です。

❷神経衰弱型のゲーム

　これは，トランプの「神経衰弱」を算数の学習に取り入れた教材化の手立てです。トランプのルールでは，同じ数字のものをペアにして取り，より多くのカードを獲得すると勝つことができます。これを算数の学習に取り入れる際は，少しルールを変えていきます。ペアで取るカードを「同じ数字」ではなく，「同じ大きさの数」で取るようにするのです。

　例えば，整数，小数，分数の関係についての学習場面では，下記のように等しい大きさの整数，小数，分数のカードを予め用意しておきます。授業では，これを裏返しにして黒板に貼っておき，この中から「数として同じ大きさのもの」をペアにして取っていくようにするのです。

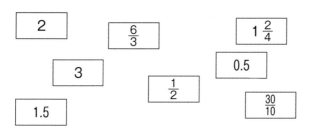

「$\frac{1}{2}$」であれば「0.5」，「$\frac{6}{3}$」であれば「2」，「$1\frac{2}{4}$」であれば「1.5」というように，数字は同じでなくとも，数として等しいと言えるものをペアで取っていくことができるというわけです。

　授業で行う際は，はじめは学級全体を2チームに分け，代表者にカードを引かせていきます。そして，ペアの数カードを見つけた様子が見られたら，「本当に同じ大きさなの？」と全体に問うていきます。すると，子どもたちからは「同じである理由」が引き出されていきます。

　このとき，**言葉と図をつなげながら整理していくことで，「同じ」であることのイメージをどの子も捉えられるようになっていきます。**

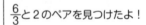 $\frac{6}{3}$と2のペアを見つけたよ！

 その2つは本当に同じ大きさなの？

だって，$\frac{3}{3}$は1だから，$\frac{6}{3}$ということはそれが2つ分で…

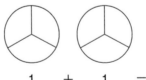

1　＋　1　＝　2

　慣れてきたなら，グループやペアでゲームに取り組ませていくと学びがより定着していきます。

何度も「同じ」をイメージすることで，整数と小数，分数のつながりがより強固になっていくのです。

　また，カードの枚数を増やしたり，数を変えたりするのも，学びをさらに深めていくのにとても効果的です。ときには，どんな数のカードを追加したらおもしろそうか，子どもたちと相談して決めるのもよいでしょう。

2 他の学習場面に応用する

❶割合や比の学習に応用する

　こうした教材づくりの方法は，割合や比の学習場面でも応用していくことができます。

　例えば，「65％」「0.65」「6分5厘」といったような同じ割合のものを見つけたり，「16：12」と「4：3」のように，等しい比を見つけたりする学習を取り入れていくのです。

　他にも，分数の「約分」の学習でも同様の教材づくりができます。ここでは，「$\frac{12}{8}$」と「$\frac{3}{2}$」のように，等しい大きさの分数を見つけるゲームにしていきます。

　こうした学習の場合も，**はじめは学級全体でゲームを行い，図と言葉を結びつけて「同じ」であることの理由をイメージとしてしっかりと捉えさせていくことが大切**です。くれぐれも，はじめからグループやペアでゲームに取り組ませ，活動を子どもたちに丸投げしてしまわないように気をつけましょう。

❷図形の学習に応用する

　この教材化の手立ては，「数」の学習に特化したものではありません。例えば，図形の学習にも応用していくことができます。

　下記のように，あえて紛らわしい図形やペアにならない図形を混在させて提示することで，**それぞれの図形の定義をもう一度見直していくきっかけになります。**

　また，どれを「同じ」と見るかについて話題として扱うことで，図形の包括関係（正方形は長方形の仲間など）も扱うことができるのです。

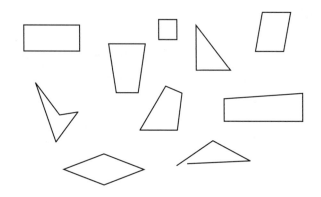

「置き換え」で，
数の概念を豊かにする

1年「10より大きい数」，5年「割合」など

　数を単なる記号と捉えていて，数の概念が十分に身についていない子がいます。こういった子は10のまとまりといくつで見ることにつまずいたり，繰り上がりや繰り下がりの計算で位の意識が弱かったりします。どうすれば，このような数の概念を豊かにする教材をつくることができるのでしょうか。

1　別の表現に置き換える

❶数字と数

　「数字」と「数」という2つの言葉を聞いたことがあると思います。皆さんは普段，この2つの言葉を授業の中で明確に使い分けているでしょうか。

　「当たり前に使い分けている」と言われそうですが，ここで，いま一度確認したいと思います。日常会話の中では，これらを混同して使用している場面が少なくないからです。

　「数字」とは記号そのものを意味し，「数」とは「量」を表しているものです。

　「5」という数があった場合，この5という表記を「（アラビア）数字」と言います。これは，5という数量を表すためにつくられた記号であり，「Ⅴ（ローマ数字）」や「五（漢数字）」のように，世の中には他の種類の数字もいくつか存在します。

一方，「5」という「数」は，1の5個分の量を意味します。

　小学校に入学したばかりの子どもの中には，「100まで数がわかるよ！」とうれしそうに話す子がいます。しかし，多くの場合，**数字としては知っていても，数としては十分に理解していないことがほとんど**なのです。

❷数を置き換えるとは

　「数」の概念をより豊かにはぐくんでいくためには，「置き換え（数を置き換える学習にする）」という教材づくりの方法を取り入れることが有効です。

　この教材化は，**ある数を，別の表現に置き換える活動を学習の中心にしていくというもの**です。

　1年「10より大きい数」を例にご説明します。

　授業の導入では，●のマグネットを12個，黒板に貼っていきます。そして，「●はなんこでしょう？」と板書するのです。

　すると，子どもたちからは，「全部で12個だよ」「2，4，6と数えていくとぴったり12」などといった反応があります。

　ここで，次のように子どもたちに伝えるのです。

　「あぁ，ごめんごめん，言い忘れていました。今日は『12（じゅうに）』はお休みの日なんだよね。だから，『じゅうに』を使わずに●の数を表さなければならないんだよなぁ…」

このように伝えると，子どもからは，「えっ，どういうこと？」「12なのに12を使えないって，それじゃあ無理じゃん」などといった声が上がり始めます。

そこで，**「そっか，この●の個数は，12が使えないと絶対に表せないんだね？」**と問うと，子どもたちの中から別の意見が上がり始めます。

「いや，できるかも！」

「12個あることが伝わればいいんだよね？」

こうした意見を取り上げ，「できるの？　例えばどんな表し方があるの？」と問い返します。

すると，「11個より１大きい数」といった新しい表現が出てきます。

このような考えが出ると，それまで戸惑っていた他の子どもたちも，「だったらわかる！　他にもあるよ！」と，別の考えを見つけようと動き出します。

2 置き換えた表現を，さらに置き換える

❶より美しい表現に置き換える

ここで，しばらく一人ひとりで考える時間を取ると，様々な表現が子どもから生まれてきます。

「13個より１小さい数」

「10個より２大きい数」

「６個が２つ分」

「４と４と４」

「３個が４つ集まった数」

このような表現が出てきた際は，「13個より1小さいことを式で表すとどうなるかな？」と全体に問い返し，それぞれの考えを式に置き換えて板書していくとよいでしょう。

　すると，「6＋6」や「4＋4＋4」「3＋3＋3＋3」のように，同数累加で表すことの美しさが強調されて見えてきます。

　こういった表現に対しては，**「とても美しい表し方ですね」と，その算数的な美しさを価値づけていくとよいでしょう。**

　すると子どもたちは，「より美しい表し方」を見いだすことに価値を感じるようになっていきます。

❷美しさを図で捉える

　また，特に同数累加の見方については，図にも置き換える活動を取り入れていくことが大切です。

　ブロックなどを使って，数の見方を図で表す場を授業の中に位置づけていくのです。

4＋4　　　　　　　　3＋3＋3

　こうした活動は，数を形としても捉えることになり，数概念をより豊かにすることにつながっていきます。

❸「置き換え」を高学年で応用する

　この教材づくりの方法は，主に低学年で取り入れやすいとイメージされるかもしれません。

　しかし，高学年の様々な学習内容にも応用していくことができます。

　例えば，割合表現もその１つです。「50％」という割合を別の表し方に置き換えると，「0.5」「$\frac{1}{2}$」「５割」といった表し方になります。

　これらをさらに，様々な図的表現にも置き換えていく場を授業の中に位置づけていくのです。

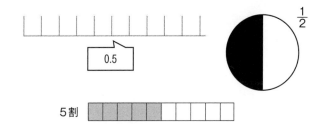

　こうした「置き換え」を大切にした教材づくりを行うと，<u>子どもは様々な算数的表現をリンクさせ，対象概念をより豊かに捉えることができるようになる</u>のです。

「学習内容を混ぜる」ことで，
正しく演算を判断する力を育てる

3年「たし算とひき算の筆算」など

単元の学習を終えた直後に取り組むテストでは，文章問題の立式に迷うことなく取り組めても，学力テストなどになると，途端に立式間違いが多くなる子どもがいます。どうすれば，このような子にも演算を正しく判断する力を育てる教材をつくることができるのでしょうか。

1 複数単元の学習内容を混ぜる

❶正しく演算を判断できない要因

　文章問題で正しく演算を判断するためには，もちろん文章の読解力が最低限必要です。

　しかし，正しく演算の判断ができないからと言って，**その要因が必ずしも読解力だけとは限りません**。中には，文章問題の読解をする以前に，**そもそも文章自体をあまり読んでいない子どもがいるから**です。少なくとも，単元直後に行うテストの場合，多くの子は問題文を読んで演算決定をしているわけではありません。「今はたし算の学習のテストだから，この問題の式もたし算のはずだ」と判断していることがほとんどなのです。

　では，例えば，たし算のテストの中にひき算の問題を混ぜてみたならどうなるでしょう。皆さんのご想像通り，かなり多くの子どもがひき算の問題に対してたし算の式を立

てるのです。

❷演算の判断を迷う場面をつくる

こうした状況を逆手に取ったのが，「学習内容を混ぜる」という教材づくりの方法です。

これは例えば，「ひき算」の単元の学習の途中で，あえて「たし算」の学習を扱っていくというものです。

このとき，教科書に掲載されているたし算の問題をそのまま扱ってもよいですし，学級の実態に合わせて，次のような「演算を判断しづらい問題」にして提示することもできます。

今，お金を150円持っています。折り紙を59円で買います。さらに，45円のえんぴつも買うことにしました。お店に<u>何円はらえば</u>よいでしょうか。

「このような問題を出すと，子どもたちが混乱してしまう」と思われるかもしれません。

しかし，**混乱する場面だからこそ「正しく演算を判断する力」が育つ**のです。そして，考える必要感が生まれるのです。

「ひき算の学習だから，当たり前にひき算の式を立てる」といった場面ばかりを扱っていては，子どもたちは演算の判断について迷うことはないのです。

2 正しく演算を判断する力を育てる

❶判断の根拠を問う

　先のような問題を提示し，実際に子どもに立式をさせると，「ひき算」「たし算」「わからない」といった３つの考え方に分かれます。

　ここでは，まず「ひき算」の考え方から扱っていくとよいでしょう。ひき算と考えた子どもに，その判断の根拠を問うていくのです。

　すると，子どもからは「だって，『買った』と書いてあるから，お金が減るってことでしょ？　だから，ひき算だと思う」などといった発言が出てきます。このように，**立式を誤る子の多くは，文章の中の１つのキーワードを根拠にしていることがほとんど**です。

　そこで，「なるほど，本当だね。『買った』と書いてあるからひき算になりそうだね」と，全体に投げかけます。

　これに対し，「たし算」で考えた子どもたちから反論が上がります。

　「でも，『いくら払ったか』を求めたいのだから，払うお金の合計のはずだよ。だから，たし算になる」

 なぜひき算と考えたの？

だって，「買った」と書いてあるから…

なるほど、「買った」は、ひき算なんだね。

でも、払うお金を知りたいんだから…

❷場面のイメージで演算を判断する態度を養う

こうした発言に、「あぁ、確かに！」と、この問題場面が「たし算」であることに気づき始める子どもが出てきます。

一方で、納得できない様子の子どももまだ多く残っているはずです。

ここで、<u>問題場面を図に置き換える活動</u>を位置づけていきます。できれば、自分から図に表そうとする態度を養っておきたいものですが、まだ、そうした力が十分に育っていない場合には、教師から次のように投げかけていきます。

「どういうことかな？　ちょっと先生もよくわからなくなってきちゃった。ひき算なのかたし算なのか、図をかいて確かめてみてくれる？」

中には、図をうまくかくことができない子どももいますが、それでも、こうした活動に繰り返し取り組ませることが大切です。

「かけない子どもがいるからかかせない」のではなく、かく場を位置づけることで、<u>**「かくために考えようとする姿」**</u>**を引き出すこと**が重要なのです。

その後，改めて子どもたちに問いかけると，「やっぱりたし算だよ。だってね…」と，黒板に図をかいて説明をする子が出てきます。

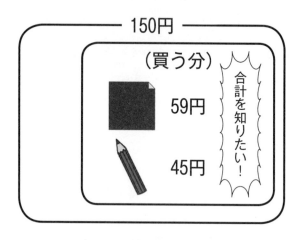

正しく演算を判断する力を育てるには，このような「場面をイメージする」過程が不可欠です。

文章の中の1つの言葉だけで判断するのではなく，**場面をしっかりとイメージすることで，どういった状況がどの演算と結びついているのかを捉えられるようになっていく**のです。

「見積もる場」を散りばめて，
間違いに気づく力を育てる

3年「2けたの数のかけ算」など

　テストを行うと，答えが明らかに違っていてもそれにまったく気づかない子がいます。答えの桁が違っているような，絶対にあり得ない答えを導いていても，それがおかしいことに気づきません。
　どうすれば，そうした間違いに気がつく力が育つ教材をつくることができるのでしょうか。

1 結果を予想する態度

❶おおよその結果のイメージ

　テストで頻繁に見られる計算ミス。答えの桁が1つ違うなど（例えば正答が20なのに200と答えている），どう考えてもそんな答えになるはずがないという結果でも，そのことに気づかない子どもは意外に多いものです。

　このようなとき，「何度も見直しなさい」と指導しても，効果はありません。なぜなら，子どもの中に **「おおよそどのような結果になるのか」のイメージがないから**です。そうしたことが意識されていないと，導き出された結果に対して，「あれっ？　この結果はおかしいかも…」と，子ども自身が違和感を覚えることはないのです。

❷2つの「見積もる場」

　こうした状況を改善するために，**「（計算をする前に大体**

の結果を）見積もる場」を教材の中に組み込みます。

　見積りの学習は４年生で扱われますが，こうした力は一時的な指導では身につきません。**低学年のうちから発達段階に合わせて毎日の学習に取り入れていくことが大切**です。その際大切なことは，２つの「見積る場」を学習内容に合わせて組み込むことです。それは，**「問題提示段階」**と**「立式を終えて計算の仕方を考える直前」**です。

2　間違いに気づく力を育てる

❶第一の「見積もる場」

　３年「２けたの数のかけ算」を例に説明します。
　はじめに，次のような問題を提示します。

　あめを１人に12個ずつ配ります。□人に配るには，あめは全部でいくつ必要でしょうか。

　このように，マスキングの手法を取り入れ，□にどんな数が入る場合ならイメージしやすいかを全体に問うていきます。これが，第一の「見積もる場面」です。

　「２人なら簡単」「10人とかならすぐにわかる」「20人とか30人でも，大体わかるよ」

　このように，子どもたちからイメージしやすい場合が出てきたなら，それに対して次のように問い返します。

　「20人とか30人ならわかりやすいの？　じゃあ，20人だった場合，大体どれくらいの個数になりそうかな？」

すると，「10人だとあめの数が10倍必要だってことだから，12×10で120個。20人ということはその2つ分だから240個必要だよ」「だから，30人なら3つ分で360個だと思う」といった説明が出てきます。

　このように，**大体の結果が予想しやすい場合があることを全体で共有していく**のです。

 どんな数ならわかりやすいかな？

10人とか20人，30人とかならわかりやすい！
12×10で120個だから…

 すぐに予想できる場合があるんだね。

❷第二の「見積もる場」

　ここまで来たら，問題の□の中に今日の学習で扱う数値（23人）を入れます。そして，式が「12×23」であることを全体で確認，共有していきます。このタイミングが，第二の「見積もる場面」です。

　「計算の仕方を考える前に，大体どれくらいの結果になるか予想がつくかな？」

　「20人で240個なんだから，23人ということはそれより少し多くはなると思うよ」

　こうした子どもの発言を取り上げ，「なるほど，少なくとも240個よりは多くなりそうなんだね」「さっき，20人の場合で考えておいたのが役に立ったね」と，**「第一の見積**

もる場」がこの問題の結果を予想することに大いに役立ったことを強調していくのです。

 23人で考えるよ。

だったら，12×23だね。

 大体どれくらいの結果になるか予想がつくかな？

20人の場合の240個よりは多くなるはず。

 少なくとも240個よりは多くなりそうなんだね。
さっき20人で考えておいたのが役に立ったね。

　このような活動を普段から取り入れると，次第に大体の結果を予想する態度が養われていきます。

　力がついてくると，教師が黒板に問題を書いている段階から，「大体○○くらいになりそう」「絶対○○よりは大きくならない」「少なくとも…」といったように，結果を予想する発言が聞かれるようになっていきます。

　また，テストの機会にも，「計算する前に大体の予想を思い浮かべたり，メモしたりする」ことや見直しの重要な視点として「大体の結果予想を生かす」ことを確認しておくと，こうした態度がより身についていきます。テストを学習内容の定着度をみるためだけでなく，**子どもが自分自身の取組を振り返る機会として位置づけることが，一人ひとりに力を確実につけていくうえで重要**です。

「条件過多の問題」で，
式表現の力を育てる

6年「分数のかけ算」など

　問題文の文章表現が少し難しくなると立式できなくなったり，友だちが立てた式の意味を読み取ることができなかったりする子がいます。
　どうすれば，こういった子どもの式表現の力を高める教材をつくることができるのでしょうか。

1　式に表す力，式の意味を読み取る力

❶式は算数の言葉

　算数・数学を学ぶ過程では，式に表したり，式の意味を読み取ったりする力が求められます。

　式は算数・数学における言葉とも言えるものであり，これらを使いこなす力を身につけていなければ，算数・数学を深く理解することもできませんし，その世界を十分に楽しむこともできません。

　また，式には，場面を端的に表すことができる便利さがあります。

　例えば，「はじめにバスに9人乗っていました。バス停で3人降りました。次のバス停では4人降りました。今，バスの中には2人乗っています」といった場面があったとします。

　これを，式に表せば「9－3－4＝2」と，とても簡単

に表すことができます。

一方で，余計な情報がそぎ落とされ，記号を使って抽象的に表されている分，これを使いこなすには式に表す力，式の意味を読み取る力が必要になるというわけです。

❷力が育たない理由

一般的に教科書の問題や授業で扱う問題では，多くの場合「式に表すために必要な数値」しか提示されません。

こうした状況は，子どもたちの混乱を防ぐことには役立っていますが，式に表す力，式の意味を読み取る力を育てることを考えるのなら，あまりよい状況とは言えません。

例えば，ひき算の学習の場合，あまりよく考えずとも問題文に出てくる大きい数値から小さい数値をひくように立式すれば，大体は正解することができてしまいます。これでは，子どもは問題文をよく読みませんし，立式について十分に考えることもありません。結果，式に表す力，式の意味を読み取る力が十分に育っていかないのです。

2 問題を情報過多にする教材化

❶問題文の中の情報を増やす

そこで，「条件過多の問題」にするという教材づくりの方法を取り入れていくことが大切になります。

これは，端的にいうと，**問題の中に解決のために直接必要のない情報を入れていく**ということです。

> 1 mの重さが$\frac{4}{5}$kgの棒があります。この棒$\frac{2}{3}$mの重さは何kgになるでしょうか。

これは，6年「分数のかけ算」の学習内容ですが，こうした問題に，「条件過多の問題」にするという方法を取り入れて教材化していきます。

例えば，次のような問題につくり変えてみます。

> Aさんは$\frac{3}{4}$mの重さが$\frac{2}{3}$kgの棒をもっています。Bさんは1 mの重さが$\frac{4}{5}$kgの棒をもっています。Bさんの棒が長すぎるので$\frac{2}{3}$mに切りたいと思います。Bさんの棒の重さは何kgになるでしょう。

問題では，Bさんの棒について問われていますが，文中にはAさんがもっている棒についての情報も出てきています。これまで，問題文に出てきた数値を組み合わせて立式していた子どもたちは，こういった問題になると，正しく式を立てることができなくなります。

こうして，**あえて情報過多の場面を提示することで，「今，何を求めたいのか」「そのためにはどの数値が必要なのか」を全体で考える場をつくっていく**のです。そうすることで，どの子も式に表す力，式の意味を読み取る力が伸びていきます。

❷式の意味を読み取る力を育てるしかけ

　また，この問題では$\frac{2}{3}$という数値が2か所で使われています。これは，意図的にそのようにしているのです。

　「$\frac{4}{5} \times \frac{2}{3}$が正しい式のはずだ」という意見が出てきた場合，**この$\frac{2}{3}$とは何を意味しているのかを明らかにしていく過程がとても大切になる**からです。

　式の意味を読み取る力が身についていない子は，この$\frac{2}{3}$が「$\frac{2}{3}$kg」から導き出されたものなのか，「$\frac{2}{3}$m」から導き出されたものなのか，見分けがつきません。

　つまり，あえて同じ数値を入れることで，どちらが式に関係している数値なのかを話題として取り上げていくというわけです。

　こうした手立ては，子どもが混乱してしまい難しいのではないかという捉え方があるかもしれません。しかし**「混乱する場所」こそ，子どもが「考える場所」**なのです。混乱してわからないからこそ，他者と話し合う必要感が生まれてきます。

　逆に言うと，「混乱する場所」を取り除くということは，同時に「考える場所」を取り除くことにもなってしまうのです。

　こうした場面では，数直線などを基にしながら場面を整理し，$\frac{2}{3}$の意味をみんなで共有できるようにしていくとよいでしょう。

$\dfrac{4}{5} \times \dfrac{2}{3}$ の $\times \dfrac{2}{3}$ って何のこと？

$\dfrac{2}{3}$ は問題文の中に重さと長さ，2つ出てきているなぁ…。どっちなんだろう？

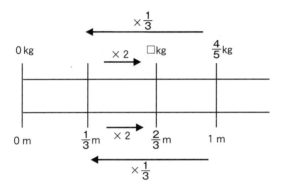

$\dfrac{2}{3}$ mの長さの重さを知りたいから，長さを $\dfrac{1}{3}$ にしてから×2をしたんだね。

そっか，$\dfrac{1}{3}$ して×2をするから，それが結局，$\times \dfrac{2}{3}$ してるってことなんだ！

　こうして，立式するためには場面を正しく整理する必要があることを子どもたちは実感していきます。

　式に表す力，式の意味を読み取る力を育てることは，結果的に問題文を読み取る力，図に表す力も育てることにつながっていくのです。

「数づくりゲーム」で，楽しく数についての理解を深める

1年「3つの数の計算」など

「数」についての学習は，教科書の問題を解かせるだけの授業になってしまいがちです。

どうすれば，楽しく，そして数の構成に目を向けて数についての理解を深める教材をつくることができるのでしょうか。

1 数の学習で大切なこと

❶「数の感覚」を豊かにする

「数と計算」領域において，整数の大きさについては1〜4年生までの学習内容として位置づいています。この過程では学年が上がるにつれて大きな数が取り扱われ，その中で子どもたちは十進位取り記数法に対する理解を深め，数の表し方や数え方，大小の比べ方を学んでいきます。

さらに，こうした数の学習では，「数の感覚」を豊かにしていくことがとても大切にされています。

例えば，「12」という数を，皆さんならどのように捉えるでしょうか。1から数えて12番目という見方もあるでしょうし，1が12個集まった数という見方もあるでしょう。しかし，数の学習が進み，数を豊かに捉える感覚が身についてくると，これを「10と2」というように10といくつの構成でみたり，「6の2つ分」「4の3つ分」のように同数

累加の形でみたりすることができるようになります。また，高学年であれば，約数がとても多い数として「12」をみることもできるでしょう。

　数の学習では，**数え方や表し方を学ぶだけでなく，こうした豊かな数の捉え方，つまり「数の感覚」を豊かにすることがとても大切になってくる**のです。

❷10の補数を意識する学習

　教科書は，どれも大変よく考えてつくられています。ただ，数の学習に関しては，どうしても，1問1答の繰り返しや，作業的な活動内容が多くなっている傾向があります。ですから，授業で扱う場合にはひと工夫する必要があります。

　そこで，ここでは「ゲーム化」という教材づくりの視点を取り入れ，数カードを使った「数づくりゲーム」の学習を取り上げていきたいと思います。

　1年「3つの数の計算」の学習を基に説明します。

　このゲームは，数づくりの活動を通して「複数の数をたす計算」に習熟するとともに，「10まであといくつ（10の補数）」について子どもが強く意識することで，10の構成に目を向けていくことをねらいました。

2 数づくりゲームとは
....

❶たして10に近づくことを目指すゲーム

　まず，1〜5が書かれた数カードを白，黒の各5枚ずつ

用意します。そして，これを裏返しにして黒板に貼ってい
きます。

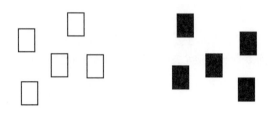

　はじめのうちは，学級を2チームに分けてゲームを行う
とよいでしょう。
　ルールは以下のようになります。

---

①2チームが交互に数カードを引き，そのカードの数
　をたし合わせていく（白黒どちらを取っても構わな
　い）。
②大きい数をつくった方が勝ち。
③「引くのを止める」宣言をしない限り，カードは引
　き続けられる（一度止めたら，二度と引けない）。
④ただし，10を超えるとゲームオーバー。

---

❷ゲームを進めながらルールを確認していく
　実際の授業展開を見ていきましょう。
　はじめに①②のルールを確認し，2つのチームが1枚目
のカードを引くと，それぞれ「5（黒）」と「3（黒）」が
出ました。

すると，早速子どもからは，「やった，５だ！」「あと５が出れば10になって勝てる！」「３かぁ。絶対に10にならない…」といった声が上がります。

　ここで，「どうして，あと５なの？」「どうして，絶対に10にならないの？」などと問い返し，その理由を引き出していきます。**子どもたちが10の補数に意識を向け始める大切な瞬間**です。

　続いて，③④のルールを確認します。

　「実は，カードは引きたければずっと引き続けられるよ。ただし，10を超えたらドボンで負けです」

　このように伝えると，子どもたちからは「キャー！」という悲鳴とともに，「じゃあ，（３でも）まだ10になるかもしれない！」「まだまだカードを引けるってことだから，いつかは10になるかも！」といった発言も出てきます。

❸「絶対」という発言から，論理を引き出す

　さらにゲームを進めていくと，子どもからは様々な考えが出されていきます。

　２枚目のカードを引くと，それぞれ「３（白）」「４（白）」が出ました。

5 + 3	3 + 4
Aチーム	Bチーム

すると，３枚目に引くカードについて，Ａチームからは，「どっちの色から引いてもいいよ！」「だって，（10まで）あと２だけど，２は白も黒もどちらもまだ出ていないから」といった声が上がります。

　一方，Ｂチームからは，「もう絶対に10にならない…」という声が聞こえてきます。

　この「絶対」という言葉は，授業の中で必ず取り上げるべきキーワードです。<u>「絶対」と言い切る場合，子どもなりに確かな論理をもっていると考えられるから</u>です。

　ですから，ここで「どうして，『絶対10にならない』なんて言えるの？」と問い返せば，その論理が引き出されます。

　「だって，10になるのにあと３必要でしょ？　でも，３は白も黒ももう出ちゃっているから，10にできない」

　「確かに…」「Ａチームの勝ちだ！」といった声が教室のあちこちから聞こえてきます。

　こうした発言を板書に位置づけ，さらにゲームを進めていきます。

❹数の構成に目を向ける場

　ここで，Ａチームは３枚目のカードに「４（黒）」を引きました。結果は５＋３＋４でドボン。残念ながらこの時点でゲームオーバーです。

　それと同時に，Ｂチームから「これ，10になるかも！」という声が上がりました。

それを聞いた他の子どもたちの中にも「本当だ，絶対10にできる！」「確かに！」といった声が広がっていきます。

　ここで「どういうこと？　さっき『絶対10にならない』と言っていたよね？」と，発言した子どもたちに問うと，次のような反応がありました。

　「だって，残りの黒のカードは絶対に１と２でしょ？（Aチームはもう引けないから）この２枚をどちらも引けば３になる。だから，３＋４＋１＋２で10になる！」

絶対に10にできる！

「絶対10にならない」と言っていたよね？

だって，３〜５はもう引いちゃってるから，黒カードの残りは１と２だけ！

１と２を合わせると３だよ。
３＋４＋１＋２＝10！

　こうして，３が単体でカードとして存在していなくても，他の数をたし合わせることで３をつくることができるというアイデアが学級全体で共有されていきます。

　このようなゲームでは，子どもたちは「10をつくるにはあとどんな数があればいいのかな」と夢中になって考えていきます。それが結果的に，**10という数を様々な構成で捉えていく学習につながる**のです。

3 数づくりゲームの応用

こうした数カードを使った数づくりゲームは，大きな数や小数，分数の学習にも応用することができます。

大きな数や小数の学習場面では，例えば，位ごとに数カード（1～0）を封筒に分けて入れ，それを引いて，より大きい数をつくった方が勝ち，というようなゲームが考えられます。

たとえ同じ数字のカードでも，それがどの位に入るかで価値がまったく違ってくることが実感できる学びになるはずです。

また，数直線などの図も一緒に扱い，でき上がった数をそこに位置づけていくと学びがより深まっていきます。

分数の学習であれば，数カード（1～9）から1枚ずつ引いて分母と分子に位置づけ，できるだけ大きな分数をつくるゲームなどを考えることもできます。ここでも図を扱っていくことで，分子の大きさが変わることと分母の大きさが変わることの違いを捉えられる学習にしていくことができるでしょう。

「○進法」に変えることで，
十進位取記数法の理解を深める

2年「たし算の筆算」など

　十進位取記数法の理解が不十分な子がいます。1年生では繰り上がり，繰り下がりの計算でつまずく子が多く，中学年以降でも「1000は10の□個分」といった問題に手をつけられない子がいます。
　どうすれば，十進位取記数法への理解が深まり，位への意識が高まる教材にできるのでしょうか。

1 数の学習における難しさ

❶数詞と十進位取記数法

　日本語の数の読み方は「じゅう・いち」「じゅう・に」というように，十進位取記数法（以下，十進法）と一致する読み方になっています。実はこれはどこの国の言語でも同じというわけではありません。

　例えば，英語であれば，「eleven」「twelve」のように，読み方が十進法と同じにはなっていません。

　こうしたことから，日本語の数詞（数字の読み方）は数を表す仕組みと一致していることにより，数を捉えやすい表現であると言えるでしょう。

　子どもたちの多くは，日常生活を通して小学校に入る前から数についての知識をある程度身につけてきています。ただ，多くの場合，<u>記号と音（読み方）の組み合わせとしてしか認識していません。</u>

ですから，これを具体的な量と結びつけ，十進法の仕組みを捉えられるようにしていく必要があるのです。

❷数の学習でのつまずき

　日本の教科書，カリキュラムはよくできているので，その流れに沿って学習をしていけば，ある程度，数の意味や十進法についての理解は深まっていきます。

　しかし中には，数を「数字」としてしか認識することができなかったり，十進法の仕組みをよく理解できなかったりする子どももいます。

　繰り上がりや繰り下がり場面でのつまずきや，ある数の大きさを別の数のいくつ分かで表す場面（例えば，1000は10がいくつ集まった数か）でのつまずきなどは，まさにその典型と言えるでしょう。

　これは，十進法の仕組みを十分に理解できないことによって起こるものです。

　そこで，こうした状況を改善するために，「○進法」に変えるという教材づくりの方法を取り入れて授業をつくっていくのです。

2　「○進法」に変えるとは

❶十進法から5進法に変える

　例えば，2年生の子どもたちに，次のような，●を数える問題を出します。

① ●はいくつ？

　子どもからは「簡単だよ！」「１年生でもできる」といった反応が返ってくるでしょう。

　そこで，「●がいくつと考えるか」をノートに書かせ，答えが「20」であることを伝えます。

　「えっ，何で⁉　どういうこと⁉」

　一斉に教室が騒がしくなります。

　ここで，すかさず２問目，３問目と続けて提示していきます。

② ●●●●●　　　　③ ●●●●
　 ●●●

　このとき，１問目と同様に「●がいくつだと考えるか」を個々に予想させ，その後，答え（②は13，③は４）を伝えていきます。すると，今度は驚きの声とともに「あっ，きまりがわかったかも！」といった声が聞こえてきます。

　ここで，「わかったかも！」と発言した子どもにヒントを出してもらいます。すると，「キーワードは５！」「まとまりとバラ」といった言葉や，５つの●を囲む姿がみられるでしょう。

こうして，どの子にも「5つのまとまりとそれ以外の数」といった五進法の表現の仕方が見えてくるのです。

❷数を図に表すことで，理解をさらに深める

五進法に対する理解が進んだら，今度は逆に，数を図に表す問題を出していきます。

「23を●の図で表しましょう」のように，新たな問題を提示するのです。

十進法から五進法へと頭を切り替えるのは，大人でもそれほど容易なことではありません。

それだけ私たちの生活の中で十進法は「当たり前」になっており，「10のまとまり」をつくることは特別なことではないのです。逆に言えば，その分「10でまとまりをつくること」を強く意識したり，そのよさを実感したりすることは十分にできていないとも言えます。

こうした問題を出すと，子どもたちの中には，「あれっ，わからなくなってきた…」と，悩む子どもが出てきます。

しかし，これこそが大切にしたい場面です。これが，**「まとまり」と「位」とを結びつけ，深く考えている子どもの姿**だからです。

最終的には図を通して確認していくことで，どの子も五進法の仕組みを理解していくことができるようになります。このとき，十進法の場合と比較しながら押さえていくと，理解はより深まっていくでしょう。

23を●の図で表してみよう。

5のまとまりで位ができているんだから…, あれっ, わからなくなってきた…

23の2は, 5個が2つ分ということだから…, 10個だよ！

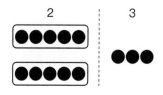

❸高学年で取り入れる

　こうした教材は, 低学年で扱うイメージが強いかもしれません。しかし, 私はむしろ高学年でこそ取り入れていくべきだと思っています。

　例えば, 同様の問題を3桁の数で扱うだけで, 格段に難しくなります。また, 「○進法のたし算やひき算」に取り組ませてもよいでしょう。難しいとはいえ, 図を基に確認していけばどの子も理解することができます。これによる位取記数法に対する理解の深まりを考えれば, メリットはとても大きいはずです。

　こうした学習を繰り返すことで, 結果的に, **十進位取記数法のよさが強調されて見えてくる**のです。

「架空の単位」で，
単位を大切にする態度を養う

2年「水のかさの単位」，3年「分数」など

> 文章問題の答えに単位を書き忘れる子や，数に単位がついている場合とついていない場合（例えば，$\frac{1}{3}$mと$\frac{1}{3}$）の違いを意識できない子がいます。
>
> どうすれば，単位を大切にする意識が高まる教材をつくることができるのでしょうか。

1 架空の単位に変換する

❶単位とは

まず，誤解のないように確認しておきますが，「単位」とは，長さ（例えばm）や重さ（例えばg）などの普遍単位（客観単位，法定単位などとも呼ばれる）を指し，「○枚」や，「○本」などと言った「助数詞」とは区別されます。

単位はどこの国であっても，だれであっても特定の大きさを指し示すのに対して，助数詞はそうではありません。例えば，「ペットボトル1本」という表現がありますが，「本」という助数詞の場合，このペットボトルがどれだけの量のものを指しているのかはわかりません。これに対して「1L」と言われた場合には，だれもが同じ量をイメージできるのです。

❷「1ユウシ」ってどんな量？

　子どもにとって，こうした単位に対する理解は大変難しく，その必要性をなかなか実感しにくいものです。

　そこで，次のような 「架空の単位」 を使うという教材づくりの方法が有効になってきます。

> 　35ユウシのジュースが冷蔵庫に入っています。のどが渇いたので，一気に28ユウシ飲んでしまいました。ジュースは何ユウシ残っているでしょう。

　このような問題を子どもたちに提示します。この 「○ユウシ」 というのは，もちろん，私が勝手に考えた特定の量を表す架空の 「単位」 です。

 答えと同じ量の水をコップに入れてきてくれる？

そんな単位は知らないから無理だよ！

　子どもたちからは 「そんな単位は知らない」 という声が上がりますが，構わずその量の水を入れるよう指示します。

　当然，子どもたちのブーイングはさらに大きくなることでしょう。なにせ，「1ユウシ」 がどれだけの量なのかがわからないわけですから，当たり前です。

　それでも，中には 「1ユウシって，何Lくらいなの？」 などと，自分の知っている単位と結びつけて考えようとする子が出てきます。こうした発言を取り上げ，

「何でそんなこと知りたいの？」
と問い返せば，**単位を変換するアイデアが子どもから出てくるはず**です。

　その後，1ユウシが10mLであることを伝えると，子どもたちは一斉に350−280の計算をして，7ユウシという答えを導き出していきました。

　ここで，単位の大切さをもう一度印象づけるために，黒板に「7」とだけ大きく書き，以下のように投げかけました。

答えは7mLだったんだね。

違うよ！　7ユウシだよ。
1ユウシが10mLなんだから…

7ユウシと7mLはまったく量が違う！

　子どもたちのこういった反応は，**単位の違いによる量の違いを強く意識しているからこそ出てくるもの**です。こうした学びを繰り返すことで，単位に着目して考える力は少しずつ，しかし確実に高まっていくのです。

2　架空の単位を実物で考える

❶分数概念の理解は単位に対する意識がカギになる

　分数の学習では，その概念的な理解のために，単位に対する意識がとても重要になります。「$\frac{1}{3}$m」のように単位

がついている分数のことを「量分数」と呼びますが，これは，ある特定の量を指し示す分数表現です。

　しかし，**はじめて分数を学習する子どもたちは，$\frac{1}{3}$のような単位がついていない分数表現との区別がつきません。**これは，単位がついている意味を理解できていないためで，例えば，適当な長さの紙テープを「３等分した１つ分」であっても，多くの子は「$\frac{1}{3}$m」と答えてしまうわけです。

❷「１タキガヒラ」ってどんな長さ？

　そこで，分数の学習でも同様に「架空の単位を使う」という方法で教材をつくってみます。

この赤い紙テープの長さは何タキガヒラでしょう。

　まず，このように問題を提示し，赤い紙テープを一人ひとりに配付します。すると，「１タキガヒラ」がどんな長さなのかが話題に上がります。

　しかし，今回はあえて何cmなのかは伝えず，１タキガヒラの実物（白い紙テープ）を渡します（56.7cmのように微妙な長さで用意するとよいでしょう）。

　子どもたちは，２枚の紙テープを重ねながら赤いテープが何タキガヒラに当たるのかを考え始めます。そして，赤い紙テープ３枚分で白い紙テープちょうど１枚の長さであ

ることに気づいていきました。

　こうして子どもたちは，２年生で学習した分数表現を使って，$\frac{1}{3}$タキガヒラという答えを導き出していくことができたのです。

　授業の最後には，次のようなやりとりをすることがポイントです。

赤い紙テープの長さは，$\frac{1}{3}$mだったんだね。

$\frac{1}{3}$ "タキガヒラ" じゃなきゃダメだよ！

$\frac{1}{3}$mは全然違う長さだよ！

　こうして，**「単位がつくと何を基準にするのかが決まる」ということの意味理解が深まっていく**のです。

　単位に対する意識は１時間の授業ですぐに高まるものではありません。ですから，様々な単元で「架空の単位を使う」という教材づくりの方法を応用し，単位がついている意味に何度も立ち返って考える学習を展開していくことが大切なのです。

「何かを使えなくする」ことで，
工夫して計算する態度を養う

4年「計算のきまり」など

ちょっと工夫して計算するだけで暗算できてしまうような計算問題でも，多くの子は筆算を使って解こうとしてしまいます。
どうすれば，自ら工夫して計算する態度が養われる教材をつくることができるのでしょうか。

1 工夫して計算する必要感を教材で生む

❶工夫して計算する必要感はいつ生まれるか

　自ら工夫して計算する態度を養うのは容易なことではありません。

　実際に6年生の子どもに「19.9×7」という問題を出してみてください。恐らく，ほとんどの子どもは筆算をするはずです。しかし，「(20−0.1)×7」のように式で表すことができないとしても，こうした考え方自体はできるようになってほしいものです。

　特定の子どもにとって，工夫して計算することを意識し始めるのは，恐らく受験勉強をするようになってからのはずです。「序盤の計算問題で割く時間を少なくしたい」という思いが，工夫して計算しようとするモチベーションにつながるからです。

　こうした状況がよいとは言えませんが，受験というきっ

かけにより，少なくとも「できるだけ正確に短時間で計算を工夫して処理したい」という思いが生まれていることには違いありません。

逆に言うと，**普段の授業の中では，計算する必要感を引き出すことができなければ，こうした態度を養うことは難しい**と言えます。

❷必要感を引き出す教材づくり

では，普段の授業の中で，工夫して計算する必要感をどのようにして引き出していけばよいのでしょうか。

本項では，これを教材のしかけによって実現していく具体的な方法を紹介します。

それは，「何かを使えなくする」という教材づくりの方法です。

例えば「筆算を使えなくする」とか，「ある数を使えなくする」など，何らかの条件を制限することによって，工夫して計算する必要感を子どもから引き出していこうというわけです。

ここでは，4年「計算のきまり」の実践を例に説明します。

最初に次のような問題を提示します。

「16×25」という計算をします。ただし，今日は「5（ご）」がお休みの日です。

2 置き換えて考える場

❶普段使えるものを使えなくする

この問題を提示すると，子どもからは「えっ？」「『5（ご）』がお休みの日ってどういうこと？」といった反応が返ってくるでしょう。

そこで，「あぁ，ごめんごめん。伝え忘れてました。今日は年に一度の5がお休みの日だから，計算の中で5は使えないんだよね」と伝えます。

子どもたちからは悲鳴とともに，「それじゃあ無理だよ」などといった声が上がります。

ここで，「なるほど。この計算の答えを出すのは無理なんだね？」と問い返します。すると，「いや，できるかも！」といった声が上がり始めます。

一方，何を言っているのかわからずにキョトンとした表情をしている子どもも多数見られます。

そこで，「できるかも」と考えている子に，今，何をしようとしているのか，ヒントを出してもらいます。

「25を別の数で表す」

「例えば，4という数を 2×2 にするみたいな感じ」

こうした発想のヒントを全体で共有し，「25を何に置き換えて考えればよいか」について，一人ひとりで考える時間を取っていくのです。

すると，「25は $12 + 13$ と表せるから，16×12 と 16×13 をたせばいいんじゃない？」といった考え方が出てきます。

このような考え方が出たなら，その場で「16×(12＋13)」と1つの式に表すことができることを確認するとよいでしょう。

一方，この考え方に対しては**「でも，計算がすごく面倒くさくなる！」**といった反応も出てきます。

❷新しい考え方を引き出し，共有する

こうした声を大切に取り上げ，「確かにそうだね。これもすごくよい方法だけど，もっと計算が簡単になるなら，それに越したことはないよね」と，**できるだけ簡単な計算にするという目的を全体で共有していきます。**

学級の実態によっては，ここで「－とか×，÷などを使って25を別の数で表すことはできないの？」と投げかけてもよいでしょう。

こうした働きかけにより，子どもから「25を100÷4と表せば暗算でもできそう」といった発想が生まれてきます。

当然，発想した子ども以外はこの考え方のよさを理解していませんから，「25を100÷4とするということ？ これ（16×100÷4）だと，暗算でもできるの？」と，全体に問い返していきます。

こうして，16×100が1600であり，それを4でわることは暗算でもできそうだということが明らかになっていくのです。

16×(12＋13) だと，5を使わなくても計算できるよ！

確かに。でもちょっと面倒…

なるほど。確かにもっと簡単に計算できるといいね。

だったら，25を100÷4にすれば…
これなら暗算でもできそうだよ！

　当然ながら，こうした授業を1回するだけで子どもたちが工夫して計算する態度を身につけていくわけではありません。

　ですから，この教材づくりの方法を日常的に取り入れ，**繰り返し取り組ませていくことがとても大切**です。

　そうした積み重ねにより，子どもたちの中に工夫して計算する態度が少しずつ養われていくのです。

「2あたりの量」を提示することで，数直線に表して考える態度を養う

> 先行学習をしている子は「数直線をかかなくても式も答えもわかる」と考えており，そうでない子はそもそも数直線に表現する力が十分に育っていないことが少なくありません。どうすれば，自ら数直線に表して考えようとする態度が養われる教材をつくることができるのでしょうか。

1 数直線に表す必要感を引き出す教材化

❶数直線のかき方トレーニングに陥らない

　数直線は，問題場面を整理し，そこにある数量関係を明らかにしていく際に大変役立つものです。

　低・中学年の学習では，問題文を読むだけでも立式できる場合が多いのですが，高学年や中学校の学習のことも考えると，数直線を使いこなせる力を子どもたちにしっかりと身につけさせていくことはとても大切です。

　また，学級の実態として，根拠なく演算を判断したり，数量の大きさだけに注目して立式したりするような子どもが多い場合は，数直線を基に数量の関係を整理していく学習を特に大切にする必要があります。

　ただし，数直線を使いこなす力を身につけさせるために，ひたすらかき方のトレーニングをさせればよいというものではありません。

数直線に表す活動だけをドリル的に行う指導をしばしば見かけます。このような「何のために数直線を使うのか」という目的が欠け落ちた指導は，算数嫌いの子どもを増加させてしまうので，十分に気をつけたいものです。

　問題場面の文脈に合わせて数直線を使う必要感やその有用性を実感できる場を繰り返し設定していくことを意識しましょう。

❷提示する「１あたりの量」を「２あたりの量」に変える

　とはいえ，日々の算数授業の中で数直線を使って問題場面を整理する必要感を引き出すことは，意外に難しいものです。

　特に，先行学習をしている子どもたちは，問題文を見ただけで立式できてしまうため，数直線を使うことの必要性をあまり感じていないことが多いのではないでしょうか。

　そこで，「２あたりの量」を提示するという教材づくりの方法を取り入れていきます。

　一般的に，教科書の問題は以下のように，「１あたりの量」が問題の中で提示されていることがほとんどです。

---

　１ mの重さが2.1kgのパイプがあります。このパイプ3.8mの重さは何kgでしょうか。

　こうした問題の「１あたりの量」を，「２あたりの量」にして提示するというのが，この教材づくりの方法です。

2 数直線を基に問題場面の構造を把握する

❶数量の関係に目を向ける場をつくる

> <u>2 m</u>の重さが4.2kgのパイプがあります。このパイプ3.8mの重さは何kgでしょうか。

　先ほどの問題をこのように変えると，たとえ先行知識をもっているような子どもでも，すぐに式を立てることは難しくなります。

　そして，**「この問題はどのように考えればよいのだろうか」「問題場面の数量の関係はどうなっているのだろうか」という問いが，子どもの中に生まれます**。ここに，「数直線を使って場面を整理する必要感」も生まれるというわけです。

　はじめのうちは，学級全体で数直線上に数量の関係を整理していく場をつくるとよいでしょう。

えっ，この問題どういうこと？
どこから考えればいいの…

まず，何を求めたいんだっけ？

3.8mの重さを知りたいんだから…
1 mの重さがわかればよさそうだよ。

でも1 mの重さは書いていないからわからないね。

２mの重さが4.2kgなんだから，重さはこの半分になるってことじゃない？

１mって，この数直線でどのあたり？

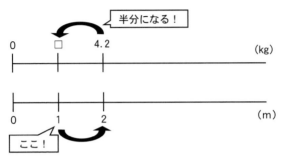

半分になる！

ここ！

❷数直線上を行ったり来たりする

　こうして，「１あたりの量」が2.1kg（4.2÷２＝2.1）であることが明らかになっていきます。

　ここで大切にしたいのは，数直線上の２mの場所を基に，１mの場所を特定する場面です。数直線の形式的な使い方ばかりを指導していると，１mの場所を２mの右側に書く子どもが現れます。ですから，このように数直線の見方を丁寧に確認していくことはとても大切なのです。

　ここからの展開は，学級の実態に応じて全体でどのように扱うのかを判断していきましょう。

　数直線のかき方を子どもが十分に理解できていない段階であれば，全員で確認しながらこの後も進めていきます。

　一方，ある程度どの子にも力が身についてきていると判

断できれば，個々に任せて数直線に数量の関係を表現させ
ていきます。

1 mは2.1kgなんだね。では，3.8mはこの数直線の
中のどのあたりかな？　みんなで確認していこう。

2 mがここだから，4 mはその倍でしょ？
だから，3.8mはここらへんかな…

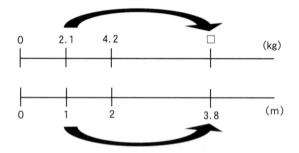

長さが3.8倍になるから，重さも3.8倍になるね！

　このように，数直線上を行ったり来たりしながら，2つ
の量がともに変化していることを全員で確認し，共有して
いきます。
　この「数直線上を行ったり来たりする」過程こそが，数
直線の理解を深めることにつながっていきます。
　伴って変わる二量が，常に2つの線上を一緒に変化して
いくことを子どもが捉えられるようになれば，数直線が表
す意味がしっかりとみえてきていると言えるでしょう。

3 他の学習に応用する

❶求める量を「2あたりの量」にする

ここまで紹介した教材づくりの方法は，かけ算の学習場面でしか使えないわけではありません。

わり算の学習にも，同じような視点で教材づくりを試みることができます。

例えば，以下のように，「1m」を「2m」に変えて提示してみるのです。

2.6mの重さが6.5kgのパイプがあります。このパイプ1mの重さは何kgでしょう。

2.6mの重さが6.5kgのパイプがあります。このパイプ2mの重さは何kgでしょう。

つまり，**答えとして求める量を「1あたりの量」ではなく「2あたりの量」にする**ということです。

これにより，子どもは数直線上を行ったり来たりする過程を経て，より理解を深めていくことができます。

❷「○あたりの量」にする

こうした教材づくりでは，実態に応じて，2あたりの量

だけでなく，他の量（○あたりの量）にして提示するという方法も考えられます。

　数値の設定には十分に注意する必要がありますが，子どもの力が育ってきたなら，こうした発展的な扱いも大変有効です。

　実際，私たちの生活の中では1あたりの量がいつでもはじめからわかっているわけではありません。また，必ずしも1あたりの量を求めたいわけでもありません。

　ですから，**こうした学びを積み重ねることは，日常生活に算数を生かしていくことにもつながっていく**のです。

第**3**章

「図形」領域の
教材づくりと授業デザイン

「アナログプログラミング」で，
作図の仕方を考える力を育てる

6年「対称な図形」など

作図の指導では，教師がかき方を一方的に教え込み，ひたすらトレーニングをさせるような授業になってしまいがちです。
どうすれば，自ら作図の仕方を考える力を育てる教材をつくることができるのでしょうか。

1 作図学習の改善

❶教え込みの授業に陥る作図学習

「数と計算」領域の学習で力を入れ過ぎ，単元の指導時数をオーバー。そのしわ寄せをカバーしようと，「図形」領域では急いで作図の仕方を教え込む。

ひどい話ではありますが，実際にこういった状況は多くの教室でみられるものです。

作図の仕方さえ覚えさせておけば，ある程度テストで点を取れてしまうということも影響しているのでしょう。

しかし，この作図の学習は，「図形」領域の中でも考える力を育てることができる，非常に大切な学びがある場面なのです。

❷プログラミング

とはいえ，作図の学習場面では，かき方を教え込む以外

116

に，どのような授業を展開してよいのかわからないという方が多いかもしれません。

そこで取り入れていきたいのが，「アナログプログラミング」による教材づくりです。この方法は，多くの作図の学習場面に応用することができます。

実際に経験したことのある先生はよくおわかりだと思いますが，「プログラミング」とは，簡単にいうと，**「筋の通った命令」を連続的に表現すること**です。

例えば，あるロボットに「まっすぐ前に歩いて」「次に右に曲がって歩いて」という2つの命令をした場合はどうなるでしょうか。

実は，これではロボットは思った通りに動いてくれません。それは，「何歩」歩けばよいのかという指示が明確にされていないからです。他にも「歩幅」や「速度」「角度」など，様々な条件を指定しなくてはなりません。

人間であれば，上記のような中途半端な指示に対しても，ある程度状況に合わせて自分で考えて反応してくれますが，ロボットはそうはいきません。

このように，すべてにおいて筋の通った命令でなければ，相手が指示通りの反応を示してくれないというのが，プログラミングの特徴なのです。

ここまで厳密なものではありませんが，作図の学習にもこのプログラミングの考え方を取り入れて教材づくりをしていくのです。

2 教師がロボットになる

❶作図するために図形の性質を見いだす

では，6年「対称な図形」の作図の学習場面を基に，この教材づくりの方法を具体的にみていきましょう。

まず，こうした教材化を行う場合，**単元の学習内容の配列を入れ替えることが大切**です。一般的に図形の学習では，図形の「弁別」が終わると，図形の「観察」を通して図形の性質を見いだす学習が位置づきます。その後，その性質を基に「作図」を行っていくという展開です。

しかし，今回は，図形の「弁別」後すぐに「作図」を取り入れます。そして，この**「作図」を通して図形の性質を見いだしていくという流れで単元を構成する**のです。

そもそも，作図をするためには，図形をよく観察し，その性質を見いだす必要があります。ですから，**あえて「観察」より前に「作図」の活動を位置づけることで，図形を観察する必要感を引き出していく**というわけです。

❷子どもがプログラミングする，教師がロボットになる

例えば，線対称な図形の作図場面を基に考えていきましょう。この学習に取り組む段階において，子どもたちは「線対称」自体がどういうものであるかはわかっていますが，「線対称な図形の性質」は理解していません。

こうした状況の中，授業の導入では「線対称な図形をみんなでかいてみよう」と，子どもたちに提案します。

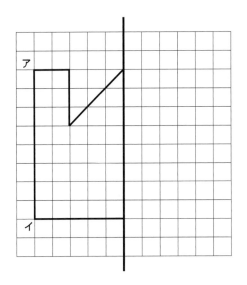

　続けて「今日，先生は皆さんの指示に従う作図ロボットですからね。みんなの指示通りにかいていくから，よろしく頼みますよ」と伝えます。

　つまり，黒板上に線対称な図形を作図する際，**実際にかくのは教師，どのようにかくかの指示は子どもたち**ということです。これが，アナログプログラミングです。

❸字義通りに解釈して作図する

　ここで大切になるのは，教師が子どもの言葉を字義通りに解釈して，その指示に従うということです。

　これにより，子どもたちの中に**「どのように伝えればよいのか」「どんな言葉を使えば，伝えたいことが適切に伝わるのか」という問いが強く生まれていく**のです。

先生は指示通りにかくロボットだからね。

 まず，対象の軸の右側に斜め下に向かって線をかいてください。

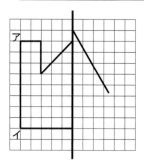

 違う違う，そうじゃないよ！

 左の図形が対象の軸に交わっている上の点から，右3下3の点に向かって線を引いてください。

 直線と言わないと，曲線でもよくなっちゃうよ…

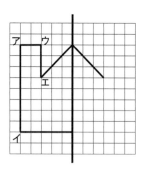

3 トライ&エラー

❶プログラムを修正する場

　こうして，子どもたちの中に「適切に命令を伝えなければ，思い通りの図をかかせることはできない」ということがみえてきたら，一度全体での作図を止めます。

　そして，この続きとしてどんな命令を出していけばよいのかについて，子ども一人ひとりで考える場を設定するのです。

　ここで大切なのは，**自力解決の時間だけで終わらせるのではなく，命令を書き終わった子から順に，ノートを持って友だちと交流する場をつくる**ということです。

　この時点で子どもたちは，「あっ，なるほど。確かにその言葉を入れなければ伝わらないよね」「そっか，その命令が抜けていた！」などと，自身のプログラムを見直し修正し始めるのです。

　こうしてでき上がったプログラムを基に，先生ロボットを再び動かす活動へと移ります。今度は，1回目よりもずっとスムーズに作図を進めることができるようになっているはずです。

　もちろん，うまくいかない場面も出てきます。そうした場合は，その場でエラーの理由を考え，プログラムを修正していくのです。まさに，トライ&エラーです。

❷図形の性質にかかわる言葉を取り上げる

続きをかいてみよう。

イの点から対象の軸に対してまっすぐ直線を引き，そのまま軸の反対側に，イから軸までと同じ５マス分伸ばしたところにオを取ります。

こうかな…？

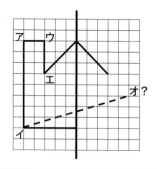

「まっすぐ」だと伝わらないから，対象の軸に「垂直に交わるように」と言った方がいいかも。

　作図の途中では，図形の性質にかかわる言葉が多くの子どもから出てきます。このときに，その性質を黒板上に整理していくとよいでしょう。

　このように，アナログプログラミングを取り入れた教材づくりでは，**強い問題意識のもと，必要感をもって，図形の性質と作図の方法を結びつけて考える子どもたちの姿が引き出される**のです。

「ある・なしゲーム」で，
図形の概念や関係の理解を深める

2年「三角形と四角形」など

　図形それぞれの概念や，その違いを捉えていく学習では，教師が一方的に伝達してしまう授業展開になりがちです。結果として，一つひとつの図形に対する理解が深まらず，混乱する子がいます。
　どうすれば，図形の概念や関係の理解を深める教材をつくることができるのでしょうか。

1　集合の見方をはぐくむ

❶得意・不得意が分かれやすい図形の学習

　図形は，子どもたちの得意・不得意がはっきりと分かれやすい領域だと言われています。

　実は，「数と計算」領域が得意でも，「図形」領域は苦手という場合も珍しくありません。一方で，図形の学習だけはなぜか得意だという子どももいます。

　図形を捉えたり作図したりする能力というのは，例えば「練習したことがないのに鉄棒の逆上がりができる」といったことと同じように，一人ひとりのセンスが大きく影響する領域だと言えるのかもしれません。

　そういった意味で，図形の学習が不得意だという子どもに対しても，図形を捉える見方・考え方を確実にはぐくむことができる教材づくりの方法を身につけておくことは，教師として必須の力であると言えるでしょう。

❷ある・なしゲーム

　ここでは，「ある・なしゲーム」にするという教材づくりの方法を紹介していきます。

　皆さんは，「ある・なしゲーム」をやったことがあるでしょうか。

　試しに次の問題をやってみてください。ルールはただ1つ，「ある」に共通する秘密を見つけることです。

ある	なし
イチゴ	メロン
ゴリラ	チンパンジー
ろくろくび	のっぺらぼう
サントリー	アサヒ

　さて，もうおわかりになったでしょうか。そうです。「ある」の方の言葉には，イチゴであれば「1」，ゴリラであれば「5」…など，必ず数字が入っています。

　これが「ある・なしゲーム」です。これを算数の学習にも取り入れていくのです。

　こうしたゲームを算数の教材づくりに生かすよさは，「共通するものを見つける」プロセスが生まれることにあります。ここでは，「集合の見方」という，とても大切な数学的な見方・考え方を働かせることになるのです。

2 図形の学習を「ある・なしゲーム」化する

❶この図形はあたり？　はずれ？

では，その具体的な教材づくりについて，2年「三角形と四角形」を例に見ていきましょう。

この学習は，三角形と四角形の違いを数学的に捉えることと，直角という新たな構成要素に着目して考える力を育てることをねらっています。

授業のはじめには，次の図形を提示し「この図形はあたり，はずれのどちらでしょうか？」と全体に問います。

この段階では，子どもたちは問われていることの意味すらよくわかっていません。

「えっ…」と戸惑っている子どもたちを前に，「これは…，あたりです」とすぐに答えを伝えていきます。

子どもたちからは「えっ，なんで？」「あっ，意味がわかったかも！」といった声が上がります。

続いて，2つ目の図形を提示します。

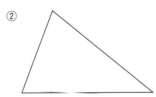

ここでも，子どもの意見はまだ取り上げず，少し待って

から「答えは…，はずれです」と伝えます。

この後，続けて３つ目の図形を提示すると，子どもたち
からはこれまでと違った反応が返ってきました。

③

「あたりって，全部『しかく』なんじゃない？」

このような，**あたりに共通する秘密について，その予想
があちこちから出てくる**のです。そこで，こうした発言を
全体の場で取り上げていきました。

「あたりはきっと『しかく』の仲間だと思うから，③の
図形はあたりだと思う」

「私は，かどが４つある仲間があたりかなと思ったよ」

「でも，③がはずれの可能性もあるよ。①は『ましかく』
だったから，細長い形は全部はずれかもしれない」

❷見方を洗練していく過程を大切にする

このように，子どもたちから「あたりの秘密」に対する
見方が出てきたなら，これを一つひとつ全体で丁寧に確認
し，共有していきます。

「しかく」，または「かどが４つ」の形があたり
の秘密の場合，③はあたりになるんだね？

そうだよ。「しかく」って「かどが４つ」だか
ら，どちらも同じことを言っているの。

なるほど。「しかく」は必ず「かどが4つ」なんだね。ちなみに、「細長い形」というのは、どんな形のことを言うの？

なんていうか、横に長い形…

なるほど。じゃあ、どのくらいの長さになったら「細長い形」というのか、「細長い形になったよ」と思うところで手をあげてね。

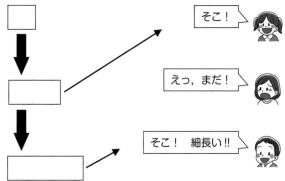

そこ！

えっ、まだ！

そこ！　細長い!!

　この時期の子どもがもっている図形に対する見方は、まだまだ感覚的なものが多くあります。

　ですから、**こうした見方を教師が丁寧にかかわりながら、数学的に洗練させていくことが大切**になります。

　前述のように、「長い」や「大きい」などの相対的な見方は、「人によってその基準がずれること」「（相対的にしか長いとか大きいと言えないので）明確に線引きができないこと」を、全体で丁寧に確認していくとよいでしょう。

　これにより、**子どもたちの集合の見方はより深まり、次**

第に図形を構成要素に着目して捉えていくことができるようになっていくのです。

❸どんでん返しで，新たな構成要素に着目させる

　子どもたちの見方を全体で共有したところで，③の形があたりであることを伝えます。

　子どもたちからは，「だったら『しかく』があたりで，『さんかく』がはずれなんだ！」といった声が上がりました。

　そこで，次のような2つの形を続けて示していきます。

　「④は線が曲がっているから『しかく』じゃない」

　「⑤みたいにすき間が空いたら，『しかく』とは言わないんじゃないかな」

　このような声を取り上げ，その後，これらがはずれであることを確認し，あわせて三角形と四角形の定義についても確認していきました。

　そして最後に，次の図形を提示しました。

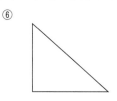

「はずれに決まってる！」と自信をもって答える子ども
たち。このタイミングで結果が「あたり」であることを伝
えると，教室の中は大騒ぎとなりました。

　そして，少しの間の後，「わかった，かどの形だ！　か
っくんとしているかどが入っている図形があたりなん
だ！」といった声があちこちから上がり始めたのです。

　こうして，子どもたちは，**新たな図形の構成要素である，**
「直角」に着目していきました。

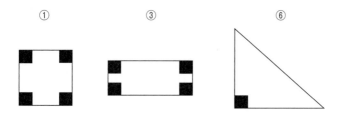

　「ある・なしゲーム」の教材化を取り入れた図形学習で
は，このように，子どもたちの「集合の見方」とともに，
「構成要素に着目した見方」を豊かにしていくことができ
るのです。

「未知の単位」を用いて，
単位面積の見方を豊かにする

4年「面積のはかり方と表し方」など

　面積を表す数値や求積公式が表す意味をよく理解できておらず，単位を誤って書いてしまっても（例えば，㎠を㎡にしてしまう），「ちょっとしたミス」程度のことだと軽く考えている子がいます。
　どうすれば，単位面積の見方を豊かにする教材をつくることができるのでしょうか。

1　単位に対するイメージを覆す

❶「単位」に目を向ける場を大切にする

　面積の測定を対象とした学習は，1年生，そして4～6年生に位置づいています。いずれの単元の導入でも，面積を比較したり表したりする際に，「単位面積のいくつ分」で表すことを学んでいきます。

　こうした「単位」に対する意識は，面積の学習だけでなく，算数全般に共通する考え方になっているので，ぜひとも大切にしていきたいところです。

　しかし，求積活動が進むにつれ，「単位面積」に対する意識は次第に薄れていきます。面積を表す数値が単なる数字に見えてしまうような子どもが増えていくのです。

　4～6年生では求積公式を扱います。そのため，効率よく面積を求められるようになる代わりに，**公式を使って求めた数値が「何を表しているのか」に対して意識が向かな**

くなっていくのです。

　こうした学習を繰り返していくと，形式的な知識の形成につながってしまうことも少なくありません。

❷「当たり前」を崩す

　そこで，「未知の単位」を用いるという教材づくりの方法を取り入れ，「面積を表す数値が，単位面積のいくつ分を表している」ことについて，改めて目を向ける場をつくり出していきます。

　これは，いつも当たり前に使っている単位を，別のものに変えてしまうという方法です。

　基本的に小学校では，面積の単位としてmm^2やcm^2，m^2やkm^2などが中心に扱われます。

　また，一般的には，これらの単位面積を正方形で表現していることがほとんどですから，中には**「単位面積は必ず正方形でなくてはならない」と思い込んでいる子どももいます。**

　ここでは，こうした「当たり前」になっている単位面積を，あえて違うものに変えていきます。

　これまで「当たり前」だとしていた前提が崩れたとき，子どもたちはその価値を改めて見直していくのです。

2　「単位面積に」対する見方を豊かにする

❶単位面積を変える

　4年「面積のはかり方と表し方」の学習を例に考えてみ

ます。

　はじめに，このように子どもたちに投げかけます。

　「前回，正方形（1 cm×1 cm）を敷き詰めることで，図形の面積を『いくつ分』で表せることがわかりましたね。では，今日は次の形の面積を調べたいと思います」

　こう言って，下の図形を提示します。

　続けて，次のように子どもたちに伝えます。

　「それと，今日は正方形がお休みの日なので，単位はこちらを使いますよ」

今日使える単位
「1タキタキ」

　子どもたちからは「えっ，どういうこと…？」「それじゃあ面積を求められないんじゃない…？」などといった声が上がります。

　ここで，「なるほど。単位が正方形（1 cm×1 cm）でないと，面積は求められないんだね？」と伝えると，中には「その形（単位面積）は，縦何cmで横何cmなの？」といった質問をする子どもが現れます。

縦が5mmで横が2cmですよ。

 だったらできるかも！
だってこれ，形は長方形だけど1cm²だよ。

 なんで？

 だって…

　こうして，単位として提示された長方形も1cm²であることが明らかになり，これを敷き詰めていけば何cm²であるのかがわかりそうだという見通しが，どの子にもみえてくるのです。

　手元で確かめられるように，方眼の上に長方形がかかれたプリントを用意しておき，実際の求積の際には，これらを使って面積を調べられるようにしておくとよいでしょう。

❷単位面積の形をさらに変える

　この教材では，はじめに提示する形を直角三角形にするといった方法も考えられます。

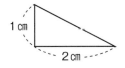

「単位面積は必ず正方形である必要はない」「でも，正方形だと，その個数を求めるのがとっても簡単なんだ！」といった気づきにつながっていくでしょう。結果的には，単位についての理解を大きく深めていくことになるのです。

また，こうした教材づくりの方法以外にも，単位面積の大きさを変えるという方法もあります。

例えば，縦2cm×横2cmの正方形を単位とする場を設定したらどうでしょうか。

単位面積が大きくなると，実は，面積を求める計算は面倒になります。

ですから，こうした場を経験することで，子どもたちも改めて <u>1cm^{2}の「ちょうどよさ」「扱いやすさ」に気づいていく</u> のです。

❸他領域とのつながり

こうした単位に対する理解の深まりは，他の領域の学習とも密接につながっていきます。

数直線やグラフの1目盛りの大きさを考える学習，割合の学習，比の学習など，「単位」にかかわる学びは算数の学習の中に多く位置づいているからです。

<u>1つの領域，1つの単元の学習だけではなく，多くの学習場面においてこの教材化を取り入れていくことで，子どもたちは単位に対する理解をより深めていくことができる</u> のです。

「予想」を取り入れ，
図形の構成要素の見方を豊かにする

2年「はこの形」，4年「直方体と立方体」など

展開図をかいたり組み立てたりする学習は，学習
時間のほとんどが教師の説明と子どもの作業になっ
てしまいがちで，子どもが「考える場」がほとんど
なくなってしまいます。
どうすれば，図形の構成要素の見方を豊かにする
ような教材をつくることができるのでしょうか。

1 「予想」を取り入れ，思考を活性化する

❶「なぜ」を考える場

立体図形の展開図を作成したり，それを組み立てたりす
る学習というのは，その手順を一から丁寧に伝えていくよ
うな学習になりやすい場面です。

こうした学習だけでも，子どもたちは，作図をしたり，
立体図形のイメージをもったりすることはある程度できる
ようになりますが，十分ではありません。

大切なことは，「箱を組み立てるには，なぜこの辺の長
さの面が必要なのか」「正しい展開図を完成させるには，
なぜこの位置に面を置く必要があるのか」など，<u>「なぜ」
について深く考える場面を位置づける</u>ことです。

こうした学びを通して，<u>図形の構成要素に着目する見方
が強化され，立体図形の捉え方がより豊かになっていく</u>の
です。

❷つくる前の「予想」が大切

そこで，「予想」の場面を取り入れるという方法で，教材づくりを考えていきます。

例えば，直方体の展開図を作図した場合，これが箱の形に組み立てられるかどうかは，実際にやってみればだれもがわかることです。

「わかる」ことが最終目標の授業ならば，それでも構わないでしょう。

しかし，本来の図形の学習では，それだけではなく**「考える力」や「図形を捉える見方」もしっかりとはぐくんでいきたい**わけですから，こうした授業では不十分だと言えます。

そこで，展開図をつくる前に「予想」の場面を取り入れるのです。これだけで，子どもたちの思考は一気に活性化します。

2 「予想」を取り入れ，考える場を生む

❶なぜその面の形では箱が完成しないのか

2年「はこの形」の展開図を基に箱を組み立てる学習場面です。

はじめに，次のような作成途中の展開図を提示し，「足りない面はア，イ，ウのどれかな？」と全体に問うていきます。

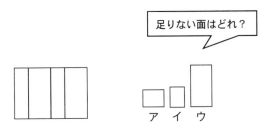

足りない面はどれ？

ア　イ　ウ

　子どもたちからは，「実際に確かめたい」という声が上がりました。そこで，４つの面がつながった図と３種類の面を一人ひとりに配り，予想を考える時間を取りました（ただし，**この段階で箱に組み立てるのは禁止**。４つの面がつながった図をあらかじめラミネートして，折り曲げられないようにしておく）。

　すると，「ア」もしくは「イ」が適切だと考えた子どもが少数，「どれもダメ」と考えた子どもが多数という結果になりました（実は，ここで提示した３つの面は，いずれも箱を組み立てるには不適切な面の形に設定してある）。

　こうした予想のズレをきっかけに，子どもたちは，「なぜ，ア，イ，ウの面では，箱にならないのか」「どんな形の面であれば，箱が完成するのか」について，話し合いを通して明らかにしていきました。そして，最終的には自分たちで適切な形の面を作成していったのです。

　このように，組み立てる前に「予想」の場面を取り入れると，子どもたちが深く考え，話し合う場を授業の中につくり出していくことができるようになります。

　そして，**「なぜ」を考えさせる中で，図形の構成要素に**

<u>着目した見方を引き出していくことができる</u>のです。

❷分解する前に考える

　こうした「予想」の場面を取り入れた教材づくりは，立体図形の分解の学習場面でも有効です。

　4年「直方体と立方体」の学習の，立方体を展開図に分解する場面で見てみましょう。

　立方体を分解すること自体は難しいことではありません。辺に沿って切り開けば，何らかの展開図には必ずなるからです。しかし，それだけでは大きな学びはありません。

　そこで，ここでも「予想する」場面を取り入れていくのです。

　立方体を切り開く直前に，例えば「何本の辺を切れば，この十字の展開図に切り開かれるでしょうか？」と，全体に問うていきます。

元筑波大学附属小学校・田中博史先生の実践の追試

　子どもたちからは，12辺，7辺，14辺…と実に様々な意見が出てきます。

　意見が出そろったら，まず，「これはあり得ないという考え方はある？」と全体に問うていきます。

　「立方体は12辺なんだから，切ることができるのは一番

多くても12辺まで」「だったら，14辺は絶対にあり得ないね」「12辺すべて切ったら，展開図がバラバラになってしまうから，それより少ないはずだよ」

　こうして7辺の考え方が残ると，今度はその理由について考え始める子どもが出てきます。

　「十字の展開図を見ると，5つの辺がつながっているからじゃない？」「もともとある12辺から5つの辺をひくとちょうど7辺」「つまり，7辺切ると5辺残るってことだ！」

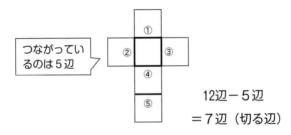

つながっているのは5辺

12辺－5辺
＝7辺（切る辺）

　こうして，実際に立方体を切り開く前に，「7辺を切れば展開図に開けそうだ」という見通しが全体で共有されていくのです。

　このように，「つくる前」「分解する前」に「予想」の場面を取り入れることで，図形をよく観察し，深く考える場を授業の中につくり出していくことができます。

　最終的に「わかる」ことはもちろん大切です。しかし，**それ以上に大切なのは，「わかるために考える」こと**です。こうした学びの過程が，子どもたちの数学的な見方・考え方を引き出し，一人ひとりの思考力をはぐくむのです。

「単元の再構成」で，構成要素に着目して捉える力を育てる

4年「垂直，平行と四角形」など

図形の特徴を調べる学習では，「図形の特徴を調べよう」と投げかけても，子どもたちの反応は薄く，「辺の数は？」「頂点の数は？」と，教師が逐一確認する展開の授業になりがちです。

どうすれば，子どもが自ら図形の構成要素に着目するような教材をつくることができるのでしょうか。

1 単元の構成を見直す

❶「図形」領域でみられる教授型授業

一般的に，図形の学習は，弁別→観察（図形の性質を見つける学習）→作図という流れで単元が構成されていることがほとんどです。

新しい図形と出合い，それを観察して図形の性質を捉えたうえで，それらを生かして作図をする。こうした流れは，確かに理にかなっているように思えます。

しかし，ここが図形の学習の落とし穴でもあります。

実は，このままの流れでは，教師が指示したり確認したりすることで展開されていくような授業が多くなってしまうのです。

特に，観察や作図の場面では，「観察する必要感」「作図する必要感」が生まれにくく，「調べなさい」「このようにかきなさい」という，一方的な教授型授業に陥りやすいと

言えるでしょう。

❷必要感を引き出す

そこで，「**単元の再構成**」によって，学習の必要感を子どもから引き出していきます。

具体的には，「観察→作図」の順番を「作図→観察」に変えていくのです。正確に言えば，**順番を変えるというよりは，観察より前に作図の目的を置く**と言った方が正しいかもしれません。

例えば，今から皆さんが目の前にある花の絵をかこうとした場合，その花をじっくり観察し，特徴を捉えようと努力するはずです。そうしなければ，そう簡単に上手な絵をかくことはできないからです。

これは，図形の作図においても同じことが言えます。

正確に作図する目的を達成するためには，必ず観察が伴うのです。つまり，**「作図する」という目的が「観察する必要感」を引き出す**というわけです。

これを，図形学習の単元構成に生かしていくのです。

2 図形の修正過程で，その特徴を捉える

❶ゆがんだ図を提示する

4年「垂直，平行と四角形」の学習場面で詳しく見ていきましょう。平行四辺形の性質を明らかにする場面です。

はじめに，「今日は，皆さんが昨日見つけた平行四辺形を作図したいと思います」と全体に投げかけます。もちろ

ん，子どもたちはまだ，「観察」の学習を通して平行四辺形の性質を見いだしていない段階です。

　そして，「まずは，先生がお手本をかいてみました」と言って，下のような「ゆがんだ図形」を提示します。

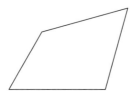

　「えっ，全然平行四辺形じゃないよ」「すごくゆがんでる」「なんか，変な形だよ」といった反応がたくさん出てくるでしょう。

　そこで，「えっ，おかしいかなぁ…。うまくかけてると思うんだけど」とつぶやくと，子どもたちからは「だって，辺の長さが…！」「角が…！」などといった声が上がり始めます。

　こうした声を受け，ここで教師がかいた図形のどこがおかしいのかについてしばらく考える時間を取ります。

❷前日の図と見比べる

　子どもたちは，前日の図形の弁別の学習で使ったプリントに載っている平行四辺形と見比べながら，教師のお手本のどこがおかしいのかについて考え始めます。

まずさ，辺の長さがおかしいよ。

そうそう，昨日の平行四辺形は向かい合う辺が同じ長さになってる。

 こんな感じ？　あれっ，辺の長さを同じにしたら直線が飛び出しちゃった…

 もう少し右下の角が開いて右の辺がもっと右側に傾いていないとおかしい。

 昨日の平行四辺形は向かい合う角の大きさが同じになっていたよ！

なるほど，だったらこんな感じ（上図）かな？

そうそう！

 じゃあ，向かい合った辺の長さと角の大きさが同じになるように直せば，正しい平行四辺形になりそうなんだね。

❸大体で修正していく

　このとき大切なのは，**教師は図を大体で修正していく**ということです。あくまで，子どもの指摘に従って「こんなふうに直せばいいの？」「ここに着目して作図をすればよかったんだね？」といった確認に留め，フリーハンドで直していくとよいでしょう。

　教師がここで正確な図を完成させてしまっては，この後子どもたちが作図する必要がなくなってしまいます。

　ですから，ここではあくまで，**正しい作図をするために，正しくかかれている平行四辺形の図と比較し，その性質を明らかにすることを中心に授業を展開していく**のです。

　こうして平行四辺形の性質が明確になり，「何に着目すると作図ができそうなのか」が共有されたなら，今度はそれを使った作図の活動へとつなげていきます。

　このような展開の学習には，合わせて2時間ほどは必要になるでしょう。

　一方で，子どもたちから平行四辺形を観察する必要感は，とても強く引き出すことができるのです。

「長さの情報を提示しない」ことで，求積公式の理解を深める

5年「四角形と三角形の面積」など

> 先行知識として求積公式を知っている子は，「解き方を知っているから」という思いが強く，面積の求め方について深く考えようとしません。
> どうすれば，全員が求積公式についてしっかり考え，理解を深められる教材をつくることができるのでしょうか。

1 求積公式をどう扱うか

❶面積を求めること自体はそれほど難しくない

先行知識をもっている子どもが，あまり深く考えずすぐに公式を適用して面積を求めてしまうというのは，算数授業でよく見られる姿の1つです。

すでに平行四辺形の求積公式を知っているような場合，それを使って形式的に面積の数値を導き出すことは確かにそれほど難しいことではありません。公式に数値を当てはめてしまえば，後は計算の処理をするだけでよいからです。

しかし，公式を知っているからといって，公式の意味まで深く理解できているかといえば，決してそうではありません。

❷求積公式の意味を改めて考える場

ですから，公式をただ覚えさせるのではなく，実際に図

形を操作する活動などを通して，求積公式とその意味（単位面積がいくつ敷き詰められるのかを求めているということ）を結びつけていく学びが重要になるわけです。

たとえ先行知識として求積公式を知っている子どもが多くいたとしても，こうした基本的なことに目を向ける学習はしっかりと大切にしていきたいものです。

では，上記のようなことについて改めて深く考えるような教材をつくるためには，どのようにすればよいのでしょうか。

その1つの方法が，「長さの情報を提示しない」というものです。

これは，読んで字のごとく，問題提示場面で図形を示したとしても，その図形の長さにかかわる情報を一切示さないという方法です。

2 求積公式の意味を深く考える教材づくり

❶「公式」は理由にならない

先に示した「平行四辺形の面積の求め方」を考える場面を例に具体的にみてみましょう。

はじめに，長さの情報を一切示さずに，次のように平行四辺形の図だけを提示していきます。

次の平行四辺形の面積を求めましょう。

えっ，辺の長さを知りたいんだけど…

どこの辺？　なぜそこの長さを知りたいの？

なぜって，公式が底辺×高さだから…

　上記のように，子どもから「公式が…だから」という理由が出てきた場合は，毅然とした態度で「それは理由にはなりません」と伝えます。

　「知っている」だけでは理由にならない。

　先行知識をもっている子どもたちは，このような状況に追い込まれてはじめて，「なぜ，底辺と高さの長さが必要なのか」を本気で考え始めるのです。

❷「斜めの辺」に話題を焦点化する

　子どもから「下の辺の長さ（底辺）と，斜めの辺の長さを知りたい」といった意見が出てくれば，これを取り上げていきます。

　もし，出てこなければ「長方形では縦と横の長さが必要だったけれど，平行四辺形はどこの長さがわかればよさそうかな？」と全体に投げかけ，上記のような発言を引き出していくとよいでしょう。

なぜ，この２つの辺の長さがわかればいいの？

だって，長方形のときもそうだったら…

でも，平行四辺形だと，辺が斜めだから正方形（単位面積）が敷き詰められない…。長方形の場合のようにはいかないよ！

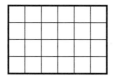

敷き詰められる

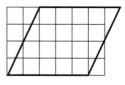

敷き詰められない！

確かに，平行四辺形の方はこのままだと単位面積のいくつ分かがわからないね。

辺が斜めじゃなければいいのに…

長方形のように，辺が斜めじゃなければ面積を求められそうなんだね？

　こうして，「斜めの辺」に話題が焦点化され，「長方形のように，辺が斜めでなければ面積を求められそうだ」という見通しが全体で共有されていくのです。

　ここまでくると，子どもから「だったら，長方形に変形すればいい」といったアイデアが出てきます。

❸「面積の求め方」について最後まで考えられる教材

　この後は，平行四辺形を長方形に変形する活動に入っていきます。ここでのポイントは，**配付する平行四辺形は，**

方眼紙ではなく白紙にかかれたものを使うということです。

このように言うと，もしかすると，方眼が入っていなければ変形活動などができないと思われる方がいるかもしれません。

しかし，ここで大切なのは，平行四辺形から長方形への変形のイメージを共有することです。ですから，大体どのように変形したいのかさえ明らかになればよいのです。

活動に入る際には，あらかじめ「大体でよいので，どうやったら長方形にできそうなのかをはっきりさせてみよう」と伝えておくとよいでしょう。

子どもたちからは，下のような変形の仕方が出てきます。

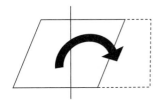 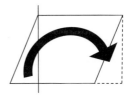

いずれの場合も，結果的に**「平行四辺形のどこの長さがわかれば面積を求められるのか」が明らかになる**はずです。

 変形前に戻すと，この2つ（太線部分）の長さを使って面積を求めていることがわかるね。

ところが，方眼紙にかかれた図形で活動をさせた場合はこのような展開にはなりません。

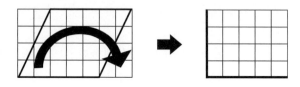

4 × 5 で20cm^{2}だ。面積を求められたよ！

　この場合，子どもたちは，変形後の長方形の縦と横の長さの情報を基に面積を求めてしまいます。結果的に，「変形前の平行四辺形のどこの長さを使って求めたのか」について考えることなく活動が終わってしまうのです。

　言い換えると，**子どもたちの意識が「平行四辺形の面積を求めるにはどこの長さが必要か」ではなく，「この平行四辺形の面積はいくつなのか」にすり替わってしまっている**のです。

　このような違いをみれば，授業の導入から長さの情報を提示せず，白紙にかかれた平行四辺形の図で変形活動を行わせることの意味がわかっていただけると思います。

　あえて長さの情報を提示せず，方眼紙を使わせないことによって，<u>「平行四辺形の面積を求めるにはどこの長さが必要か」という問題意識を，最後まで継続できるようにしている</u>のです。

3 他単元への応用

こうした教材づくりの方法は，4年生の複合図形（階段型の図形等）や，6年生の体積の学習でも同様に活用することができます。

「どのようにすれば面積や体積を求められるのか」「面積や体積を求めるには，どこの長さが必要なのか」といった，公式の意味につながる部分に目を向けて学びを深めさせていくためには，このように，あえて長さを提示しないことがとても有効になるのです。

数値を示さないからといって，活動の難易度が上がるわけではありません。むしろ，**数値を提示してしまう方が，先行知識をもっている子どもばかりが活躍することになります。**

ぜひ，この方法をご自身の学級の授業に取り入れ，みんなで学びを深めていくような授業を展開してください。

「図の一部分を可変にする」ことで，求積公式を知識として定着させる

5年「四角形と三角形の面積」など

求積公式を使って練習問題に取り組んでいるうち
に，どうしてその公式で求められるのかという意味
が抜け落ち，結果的に「公式を忘れたから解けな
い」となってしまう子がいます。
　どうすれば，求積公式が知識として定着する教材
をつくることができるのでしょうか。

1　求積公式をどう扱うか

❶なぜ公式をつくるのか

　求積公式の扱いについては，4年生以上の学習に位置づ
いています。

　しかし，求積公式というのは，時間とともにその意味が
欠け落ち，「意味はよくわからないけれど，この式の通り
に数値を当てはめると面積が出るらしい」というように，
形式的な知識として身についてしまうことが少なくありま
せん。

　本来，求積公式を学ぶ意味は，その公式をつくっていく
過程にあります。

　**図の操作と式とを結びつけてみたり，いくつかの考え方
を統合し，それを一般的に「公式」という形で表したりす
るプロセスが，算数の学びとしてとても重要**なのです。

　こうした見方・考え方を子どもに身につけさせておけば，

他の場面においても応用ができるため，大変有用だというわけです。

このように考えれば，**公式を暗記し，答えを導くことができるというだけでは，算数の学びとして十分に目標を達成することはできていない**ことがおわかりいただけると思います。

❷公式は暗記しなければならない？

いつの間にか求積公式を忘れてしまうという状況を改善するためには，まず，**「求積公式のつながり」**を押さえておくことが重要になります。

例えば，長方形と正方形の面積の求積公式で言えば，基本的に長方形の求積公式に統合してみることができます。正方形は長方形の仲間ですから当然のことですが，この「当たり前」を授業で丁寧に扱うことが大切なのです。

長方形と正方形，それぞれの公式を別物と捉え，そのつながりに気づいていない子どもというのは，意外に多いものです。こういった子どもの多くは，公式は「丸暗記するもの」だと考えています。

しかし，公式の意味やそのつながりが見えるようになってくれば，「丸暗記するもの」という考え方は子どもの中からなくなっていきます。

公式とは，「暗記」するものではなく，いつでも自分で「つくることができる」ものという意識を育てる授業をつくっていくことが大切なのです。

2 「求積公式のつながり」がみえる

❶□の中を仮定して考える

　5年「四角形と三角形の面積」の場面を例に,「求積公式のつながり」を見いだしていく学習過程を具体的にみていきましょう。

　まず,平行四辺形,三角形,台形の求積公式の学習がひと通り終わった段階で,次のような問題を提示していきます。

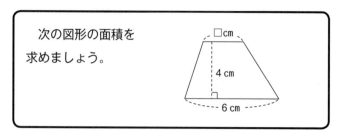

次の図形の面積を
求めましょう。

　このように,図形の中の1辺の長さをマスキングして示すのです。子どもからは,マスキングされた1辺の長さを知りたいという声が多く出てくるでしょう。

□に何が入るのか知りたいよ。

どんな数を入れたいですか?

4!

10!

2!

では，まず，「4」を入れてみましょう。
どんな形になるかな？

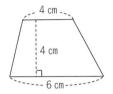

（上底＋下底）×高さ÷2

台形だね。

では，面積を求めてみましょう。

❷□の中を変えていく

　ここでは，台形の公式とともに求積結果を全体で確認していきます。そのうえで次のように展開していきます。

今度は，4cmの辺を，1cmずつどんどん
短くして面積を求めてみよう。

さっきの式がそのまま使えるね。

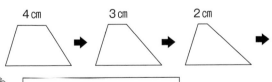

式はどのように変化したかな？

このように，1辺の長さだけを変えていく場合，子ども
からは「一度つくった式を利用する考え方」が出てきます。
人はだれしも，できるだけ効率よく考えたいと思うものだ
からです。

こうした考え方を取り上げ，形の変化とともに式がどの
ように変わっているかを確認していきます。

$$「\boxed{4}+6」×4÷2=20$$
$$「\boxed{3}+6」×4÷2=18$$
$$「\boxed{2}+6」×4÷2=16$$
$$「\boxed{1}+6」×4÷2=14$$

 あと1cm短くなったら…？

0cmだ！

それって三角形じゃない!?

$$（\boxed{0}+6）×4÷2=12$$

（上底＋下底）×高さ÷2

$$‖$$

$$6×4÷2=12$$

（底辺×高さ÷2）

これ，三角形の公式と同じになっているよ！

こうして，「三角形は，上底が0の台形とみられる」こ

とが明らかになっていきます。

台形　　　　　　　　　上底０の台形
　　　　　　　　　　　　（三角形）

❸知識がリンクされる

　続いて「今度は上底をもっと伸ばしてみよう」と投げか
けます。

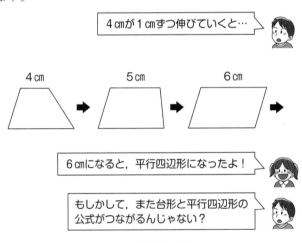

４cmが１cmずつ伸びていくと…

4 cm　　　　　　5 cm　　　　　　6 cm

６cmになると，平行四辺形になったよ！

もしかして，また台形と平行四辺形の
公式がつながるんじゃない？

なるほど！　確かめてみよう。

　上底と下底が同じ長さになると平行四辺形になることが
みえてきた子どもたちは，今回も公式（台形と平行四辺形
の求積公式）がつながるのではないかと考え始めます。

$$（4 + 6）× 4 ÷ 2 = 20$$
$$（5 + 6）× 4 ÷ 2 = 22$$
$$（6 + 6）× 4 ÷ 2 = 24$$
$$（上底＋下底）×高さ÷ 2$$

上底と下底が同じ長さなんだから，
下底が２つあるのと同じだよね。

$$（6 × 2）× 4 ÷ 2 ＝24$$

$$（6 \cancel{× 2}）× 4 \cancel{÷ 2} ＝24$$

$$6 \quad × \quad 4 \quad ＝24$$
$$底辺 \quad × \quad 高さ$$

　このように，「求積公式のつながり」がみえてくると，**三角形や平行四辺形の求積公式は，結局台形の求積公式に統合されていく**ということが理解できるようになります。

　つまり，**これまでバラバラだったそれぞれの知識がリンクされ，つながりをもった１つの知識体系になっていく**ということです。

　このような「図の一部分を可変にする」という方法は，いくつかの場面を結びつけることにとても有用に働きます。

　知識の定着には，反復させることが必要な場合もあります。しかし，本来大切にしなければならないのは，このような知識のリンク，つまり，つながりをもった知識体系をつくり上げていくことなのです。

第**4**章

「測定」領域の
教材づくりと授業デザイン

「めざせ！○cmゲーム」で，
量感を豊かにする

2年「長さの単位」など

　数値で表されている量（長さや重さ，かさ）と実際の大きさのイメージが大きくかけ離れている子がいます。
　どうすれば，こういった子どもたちの量感を豊かにする教材をつくることができるのでしょうか。

1　「測定」の学習で見落としがちなこと

❶量感は意外と身についていない

　「長さ」や「重さ」の学習を終えて単元末テストを行うと，多くの子どもたちが共通して間違える問題があります。

　それは，次のような問題です。

次の長さの単位を書きましょう。
ノートの横の長さ　18（　　）

　この問題は，（　　）の中に適切な単位を書き入れるというものです。

　2年生を受け持たれたことのある先生方は，ここで子どもたちが常識的にはあり得ない単位を書き入れるのを目の当たりにしたことが一度はあるのではないでしょうか。

❷量感を豊かにする場面を意識的に取り入れる

この（　）に入る単位は，もちろん「cm」です。大人で
あれば，恐らくどなたでも判断できるでしょう。

mmならばどう考えてもノートが小さ過ぎますし，mにし
たら大き過ぎます。消去法で考えても，cmしかあり得ない
ことはだれでもわかりそうなものです。

ところが，**長さを普遍単位（cmやmなど）で測定した
経験が乏しい2年生の子どもたちにとっては，これが意外
と難しい**のです。

子どもたちが長さの学習を理解できていないというわけ
ではありません。いわゆる**「量感」が十分に育っていない
ことが原因**なのです。

量感の育ちとは，「量に対する感覚がどれくらい身につ
いているか」ということです。ですから，どんなに長さの
意味にかかわる学習を丁寧に行ったとしても，量感を豊か
にするような場面を教師が意識的に取り入れていない限り，
この状態を改善することは難しいのです。

2 ゲームを通して量に対する感覚を洗練させていく

❶勘だけが頼りのゲーム

こういった場合，「**量感ゲーム（めざせ！○ cm ゲーム）**」
にするという教材づくりの方法が大変有効です。

2年「長さの単位」の学習を例に説明します。

普遍単位（mm, cm）の学習を終えた後，次のような展開
の授業を取り入れていくのです。

今日は，「めざせ！○cmゲーム」をするよ。

何だか楽しそう！

（紙テープを配付）

 お題は…「17cm」です！

えっ，どういうこと？

わかった！　その長さにこの紙テープを
切り取ればいいってことじゃない？

 その通り！　ただし，ものさしは使えません。

えーっ！　勘でやるってこと !?

　このように，ここではものさしや定規など，測定具の使用を禁止し，「勘で長さを決める」というルールを全体で確認します。子どもたちは「キャー！」「無理だよぉ〜！」などと叫びながらも，大盛り上がりです。

　紙テープは，一度切ってしまえば元に戻せません。こうした後戻りできない状況が，このゲームをよりエキサイティングなものに演出してくれるのです。

❷予想と結果のずれを実感する場

　はじめてこのゲームをやると，子どもたちの量感がいか

に育っていないかということに，教師自身が驚くでしょう。

　お題が「17cm」にもかかわらず，平気で50cmくらいの長さに切り取る子どもも出てきます。

これくらいかな…

自信ないなあ…

では，結果を確かめてみましょう。
17cmはこれくらいの長さですよ！

えぇっ，そんなに短かったの!?

自分がつくった紙テープの長さは何cmだったか，
実際に測ってみましょう。

41cmだったよ…

21cm。結構惜しい！

　このように，ゲームの終わりには，自分がつくった紙テープの長さを測定させることが大切です。**予想と結果のズレを何度も経験することにより，長さに対する量感は少しずつ豊かになっていくもの**なのです。

❸実物を見ないで，感覚だけを頼りに取り組む

　このようなゲームは，繰り返し行うことが大切です。
「（次のお題は）26cmということは…，さっきのお題が17cm
だったから，きっともう少し長めで…」と，前の経験を生
かして考えるようになるからです。

　ただし，気をつけていただきたいことは，前のゲームで
測定した紙テープを必ず片づけさせてから次のゲームを行
うということです。

　ここではぐくみたいのは，あくまで量感です。前のゲー
ムの実物が残っていると，それを次のゲームの測定に利用
してしまうため，感覚で長さを予想する場がなくなってし
まうのです。

　**経験によって蓄積された自分の中の感覚だけを手がかり
にゲームに取り組むからこそ，量感が豊かになっていく**と
いうわけです。

　ゲームは1時間の中で繰り返し行ってもよいですし，毎
時間の導入10分で扱ってもよいでしょう。

　「ニアピン賞（前後5cmずれ以内の賞）」などをつくるの
も楽しいかもしれません。

　また，このゲームは「かさ」や「重さ」の学習などでも
応用することができます。

　「かさ」や「重さ」は，「長さ」以上に量感が育ちにくい
ですから，こうした学習をたくさん取り入れていくとよい
でしょう。

「別の単位を用いさせる」ことで，普遍単位の理解を深める

3年「重さの単位とはかり方」など

任意単位と普遍単位による測定の違いが，いまいちピンと来ていない子がいます。ものさしやLマス，秤などを使った測定活動を充実させても，それだけで子どもが普遍単位のよさに気づくわけではありません。どうすれば，普遍単位の理解を深める教材をつくることができるのでしょうか。

1 どんな場面で普遍単位の有用性に気づくのか

普遍単位とは，「m」や「g」など，世界共通のものさしのようなものです。これらは，共通である（だれもが同じ基準をもっている）からこそ便利なものです。

ところが，子どもが捉えている世界というのはまだまだ小さく，「普遍単位のよさ（みんなが同じ測定単位を使うことのよさ）」を十分に実感することは，なかなかできないものです。

普遍単位の重要性を実感できるようにするうえで大切なことは，自分と他の人が用いる単位が「共通でないと困る」場面を何度も経験することです。

測定する際に用いる単位が他者と同じでないことを不便に感じる経験をすることによって，逆に普遍単位の有用性が強調されてみえてくるというわけです。

2 用いる単位をバラバラにするとは

❶単位の必要性に気づかせる

そこで，用いる単位を共通にするのではなく，あえて「別の単位を用いさせる」という教材づくりの方法を取り入れて，授業を構成していきます。

3年「重さの単位とはかり方」の学習を例に考えてみましょう。

どちらが，どれだけ重いかな？

はじめに，どのようにすれば「どちらがどれだけ重いか」がわかりそうかについて全員で確認していきます。

 どうやったらわかりそうかな？

天秤の左と右にハサミと電池を載せればいいんじゃないかな？

 なるほど。左右にそれぞれの物を載せれば，どちらがどれだけ重いかがわかるんだね？

ここで大切なのは，<u>「どちらが重いか」ではなく「どれだけ重いか」を知りたいということを強調すること</u>です。

左右に載せるなら,「どちらが重いか」しかわからないよ。

例えば,左に電池,右に消しゴムとかをいくつか載せていって,それが何個分かを調べれば…

でも,同じ大きさの消しゴムじゃないとダメだよ。

　このように,小さくて大きさが同じものを単位に使えば違いがわかりそうだというアイデアが出てきたなら,これを板書に位置づけ,全体で共有していきます。

❷別々の単位をこっそり渡す

　ここまで来たら,次のように子どもに提案します。

　「大きさが同じ消しゴムは,今はここにたくさんないから,今日はこの粘土の玉を使って比べてみましょう」

　このように投げかけたうえで,電池とハサミ,そして小さな粘土玉が入ったケースを各グループに渡し,それぞれで測定活動を行わせていきます。

　ただし,ここで渡す粘土玉には,あるしかけをしておき

ます。

　あらかじめ，大きい粘土玉と小さい粘土玉の２種類をつくっておき，それぞれのグループに，そのいずれかの大きさの玉のセットが渡るようにするのです。

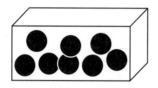
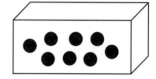

 粘土の玉で測ってみよう！

ハサミは…粘土の玉が12個分だね。

電池は…粘土の玉が10個分だったよ。

ってことは，粘土の玉２個分違うってことだ。

えっ!?　私たちのグループは４個分違ったよ…

❸単位が違うことを明らかにする

　このように，測定に使う単位を２種類用意することで，結果が大きくズレる場面をつくっていくのです。

　子どもたちは，**自分たちの測り方に間違いがあったのではないかと考え，再度測定をし始める**でしょう。

ところが，当然結果は変わりません。そこで，「なぜ結果がズレるのだろう」と考え始めるというわけです。

　中には粘土玉が怪しいと疑い，自分のグループと他のグループの粘土玉を見比べたり，秤の左右に載せて重さを比べたりする子どもが出てきます。

　こうして，子どもたちは自分たちが使っていた粘土玉の重さが，全グループ共通ではないことに気づいていくのです。

　この「別の単位を用いさせる」という教材づくりの方法は，他にも多くの単元に応用することができます。

　「量」の学習であれば，少しだけ違う大きさのコップを使わせたり，「長さ」の学習であれば，大きさの異なるブロックで測定させたりするのもよいでしょう。

　「重さ」を実際の秤で測定する学習場面であれば，グループごとに別の秤量の秤を使わせるという方法もあります。

　こうした学びを繰り返し行うことで，子どもは測定する際に使う単位をとても注意深く確認するようになっていきます。

　これは，「単位が共通であることの重要性」に子どもが気づいているからです。

　測定する前には，まずは単位が共通であるかを確かめる。そんな態度をしっかりと養っていきたいものです。

「対戦ゲーム」で，
楽しく測定技能を高める

> 　長さや重さ，角度などのはかり方を身につけていく学習では，測定をただ繰り返す授業になってしまいがちです。測定技能を高めるためには慣れも必要ですが，子どもの学習意欲はなかなか上がりません。
> 　どうすれば，楽しく測定技能を高める教材をつくることができるのでしょうか。

1　測定の学習を変える

❶訓練のような測定の学習

　「測定」領域では，概念的な理解を深めるだけでなく，測定技能を身につけさせることも大切です。ただ，こうした学習では，訓練のような活動が多くなりがちです。

　例えば，4年「角の大きさ」の学習では，導入場面で，「角度」の概念について深く考えさせるような教材を扱うことが多いと思います。

　ところが，分度器の使い方を学習した後はというと，繰り返し問題に取り組ませ，分度器を使った測定の練習だけになってしまうのです。

　これはこの単元に限った話ではなく，「測定」領域の学習では「技能をしっかり身につけさせなければ」という教師の思いの強さから同じ状況に陥りやすいのです。

❷主体的に測定活動に取り組む場をつくる

　やはり，測定の活動の場においても，子どもの主体性を引き出し，意欲的に学ぶ場を大切にしていきたいものです。

　そこで，「(測定) 対戦ゲーム」にするという教材づくりの方法を取り入れて授業を構成していきます。この方法を取り入れることで，子どもから主体的に学ぶ姿を引き出す授業をつくり上げていくことができます。

2　ゲームを通して，測定活動を楽しむ

❶分度器ゴルフ

　4年「角の大きさ」の場面で考えてみます。

　はじめに，授業の導入で「分度器ゴルフ対決！」と板書し，そのゴルフコースがかかれたプリントをテレビモニターに映します。

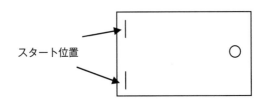

スタート位置

　子どもはゲームが大好きですから，どの子も大喜びです。

　ゴルフゲームは次のようなルールです。

①スタート位置から，カップの場所を目指す
②はじめに分度器と定規を見ないで角度と長さを宣言する
③宣言したとおりの角度で角を作図し，宣言した分の長さ
　だけ直線を引く

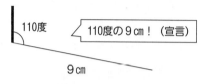

④対戦相手に，自分の作図をチェックしてもらう

⑤交互に②〜③を繰り返し，カップインまでの回数が少なかった方の勝ち

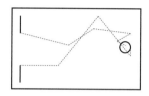

　このゲームは，自分が宣言した角度と長さ分だけボールが進むというルールになっています。つまり，宣言する角度や長さを誤ると，とんでもない方向にボールが飛んでいってしまうということです。宣言する際には，分度器や定規を見ることは許されません。しかも，**一度宣言したら二度とそれを撤回できないので，子どもたちはより慎重に，よく考えながら取り組むことになる**のです。

❷ゲーム化する際のポイント

　このゲームを考えた際，私は次の４点を大切にしました。

・測定と作図を繰り返す場があること

・角度についてじっくり考える場があること

・互いの測定，作図の様子をよく見る場があること

・ゲームをおもしろくするための工夫の余地があること

例えば，2点目の「考える場」については，測定の前に角度と長さを宣言させる仕組みを取り入れています。これにより，「目的の方向に進むにはどれくらいの角度で何cmくらいの直線をのばせばよいのか」について，じっくりと考える場をゲームの中に位置づけたのです。

　また，3点目を実現するために，相手の測定をチェックする場を取り入れました。相手の活動をしっかりと観察し，間違いがあれば互いに指摘し合う場をつくったのです。これにより，互いの測定の誤りは修正され，それに伴って技能は大きく向上していくのです。

　ちなみに，角度の測定活動では，多くの子どもに共通して見られる典型的な間違いがあります。それが，**角度を分度器で測定する際に，反対側から読み取ってしまうこと**です（60度であれば，120度で作図してしまう）。このような，どの子も陥りやすい間違いに関しても，この分度器ゴルフでは互いの作図をチェックすることで，指摘し合い，修正する場が生まれます。

 60度で4cm（宣言）。よし，かけたぞ！

ちょっと待って！ それだと「120度の4cm」と言わないとおかしいよ。60度だったらこっち向きのはず！

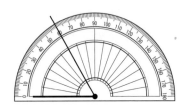

本当だ。ボールが思っていたのと逆に進んじゃう！

❸ゲームを自分たちでおもしろくする

　私が授業の中でゲーム化を意識した教材づくりを行う際，共通して大切にしていることがあります。

　それは，**子どもたちが自分たちでルールを改善したり，よりよいゲームになるように新しい要素を加えたりできる余地を残す**ということです。

　例えばこのゲームでは，90度や180度などを多用すると，うまくいき過ぎてゲームがおもしろくなくなります。ですから，ゲームに取り組ませる際，「『もっとルールをこうしたい』ということがあれば，ペアで相談して決めてよい」とあらかじめ伝えておくのです。

　すると，何度か対戦したペアから「90度や180度を使うとおもしろくなくなる」という話題が上がってきます。

　そこで，一度この話題を全体で取り上げ，「90度と180度

の前後10度以内の角度は宣言してはならない」といった新しいルールを確認していきます。

　他にも，コースをもっと大きくしたいと考える子どもや，新しいアイデアでユニークなコースをつくってみたいという子どもも現れます。

　子どもたちに自由にコースづくりをさせると，大きい画用紙を使ってコースをつくったり，バンカーや池などをかき込んでオリジナルのコースをつくったりするペアも出てくるでしょう（ちなみに，私の学級では，子どもたちの多くが池やバンカーにはまった場合は，「1回休み」などの新しいルールをつけ加えていました）。

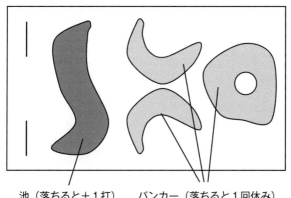

池（落ちると＋1打）　　バンカー（落ちると1回休み）

　このように，ゲームを通して行う測定活動は，子どもから目的意識を強く引き出していくことができます。またそこには「考える場」が生まれ，どんな問題集をこなすより多くの測定，作図活動に取り組むことにもなるのです。

「問題と答えの単位をそろえない」ことで，単位の関係の理解を深める

単位を扱う様々な単元

1 cmが10mm，1 dL が100mL…など，単位の関係について繰り返し指導することで，そのときは覚えたとしても，多くの子がすぐに忘れてしまいます。
　どうすれば，単位の関係の理解を深め，その知識をしっかりと定着させられる教材をつくることができるのでしょうか。

1　単位はすべて同じ仕組みでできている

❶単位の関係を理解するうえでの難しさ

　算数の学習の中でも，多くの子どもが共通して苦手とするものの1つに，「単位の関係」があります。

　私自身も，小学生のときに随分苦労した経験がありますが，「長さ」の単位はまだしも，「重さ」や「かさ」に関してはなかなか覚えることができなかったと記憶しています。

　その1つの理由として，**主に算数の学習の中で扱われる単位が偏っている**ことがあげられます。

　例えば，算数では「長さ」であればmm，cm，m，km，「重さ」であればmg，g，kg，「かさ」であればmL，dL，Lが中心に扱われます。

　これらは，私たちが日常の生活の中で頻繁に使うものでもあります。

　ここで子どもたちの理解の大きなハードルになっている

のが，単位同士の関係です。

　例えば，mmの次が10倍のcmで，その次は100倍のm。mL
の100倍がdLで，その10倍がL…といったように，単位の
関係が捉えにくく，覚える際に混乱してしまうのです。

❷単位の仕組み

　ご存知の方も多いと思いますが，本来，私たちが使って
いる単位は「メートル法」と言われるものであり，すべて
の関係は10倍でつながっています。

記号	k	h	da	なし	d	c	m
読み	キロ	ヘクト	デカ	×	デシ	センチ	ミリ
意味	×1000	×100	×10	1	$\times\frac{1}{10}$	$\times\frac{1}{100}$	$\times\frac{1}{1000}$
長さ	km	(hm)	(dam)	m	(dm)	cm	mm
重さ	kg	(hg)	(dag)	g	(dg)	(cg)	mg
体積	kL	(hL)	(daL)	L	(dL)	(cL)	(mL)

　実際，ここにあるような聞きなれない単位であっても，
特定のある分野の仕事では日常的に使われているものもあ
ります。例えば，「cL」などは日本ではあまり目にしませ
んが，海外ではよく見かけるものです。

　単位の関係についての理解を深めるためには，まず，こ
うしたメートル法による単位の表し方を知ることが大切で

す。単位が同じ関係性で成り立っていることが捉えやすく
なるからです。

　私は，低学年や中学年の早い段階からこうしたメートル
法を扱い，単位とは長さであろうと重さであろうとかさで
あろうと，どれも同じ仕組みで表記されていることを子ど
もたちに教えるようにしています。

2 「単位の関係」の理解を深める教材化

❶問題文の単位をそろえないで提示する

　とはいえ，こうした単位の仕組みが共通していることを
知るだけで，単位の関係をすぐに捉えられるようになった
り，単位変換をスムーズに行えるようになったりするわけ
ではありません。

　そこで，「問題と答えの単位をそろえない」という教材
づくり（問題提示）の方法を取り入れ，授業を組み立てて
いくのです。

　これは，日常的に多くの問題で取り入れられる教材づく
りの方法で，問題文の中に出てくる単位をそろえないとい
うものです。

　算数の学習で提示する問題は，例えば，次の問題のよう
に，問題と求める答えの単位をそろえてあることが一般的
です。

> 140cmの紙テープがあります。1人に40cmずつ配ると，何人に分けられて，何cmあまるでしょうか。

こうした問題の単位を，あえてすべてそろえずに提示するのです。

> 1.4mの紙テープがあります。1人に40cmずつ配ると，何人に分けられて，何 <u>dm</u> あまるでしょうか。

❷単位の関係について考える場

どうでしょうか。恐らく，急にこのように問われたなら大人でも少し困るのではないでしょうか。dm なんて，普段使わないわけですから当然のことです。

でも，**あえてこのように単位をそろえないで問題を提示することで，単位をそろえるために，単位の関係を考える場をつくっていく**のです。

 どんな式になりそうかな？

単位が違うからそろえないと式を立てられないね。

1.4mってことは，140cmだから…

140÷40だ。1.4÷0.4でもいいけど計算しづらい…

 では，答えを求めてみましょう。

3あまり20ということは，3人に分けられて，20cmあまるってことだ！

でも，あまりはdmじゃなきゃだめだから…

cmの10倍がdmだから，2dmだ！

❸日常的に「単位の関係」に目を向ける場をつくる

　子どもたちが単位の関係を十分に理解できていない大きな理由は，普段から単位の関係を考えていないからです。日常的に単位の関係に目を向けることが少ないから，いつまで経っても定着しないのです。

　ですから，**日常的に単位の関係に目を向け，折に触れて考える場をつくっていく**のです。

　確かに，問題文の中の単位がそろっていないことで，解決までの道のりは長くなります。

　しかし，こうした場を繰り返し経験するからこそ，理解は深まり，少しずつ力が育っていくのです。

第5章
「変化と関係」領域の
教材づくりと授業デザイン

「2か所をマスキングする」ことで，きまりに着目する態度を養う

1年「たし算」など

3年生までに「変化と関係」領域の単元は位置づいておらず，高学年になっても「きまり」に着目する態度が養われていない子が少なくありません。

どうすれば，低学年のうちからきまりに目を向けて考えさせられるような教材をつくることができるのでしょうか。

1 「きまり」に着目する態度を養う

きまりに着目する態度というのは，「変化と関係」領域の単元だけに力を入れていても養われるものではありません。

低学年の段階から，意識的にきまりに着目するような場をつくり，それを繰り返していくことで，こうした態度が少しずつ養われていくものなのです。

とはいえ，多くの先生方から，きまりに着目する教材をどのようにつくってよいのかがわからないという声をお聞きします。

そこで，ここでは，日常の授業の中にすぐにでも取り入れることができる教材づくりの方法をご紹介したいと思います。

2 「きまり発見授業」を日常化する

❶どこをマスキングするか

「**2か所をマスキングする**」という方法を使えば，多くの学習場面で，こうしたきまりに着目して考えるような場を生み出すことができます。

例えば，1年「たし算」の場合で考えてみます。

次の場面を見てください。

> りんごがお皿に4個のっています。そこに，お母さんが買ってきたりんご3個が増えました。お皿にのっているりんごは，全部で7個になりました。

この文には，3つの数値が登場します。このようなたし算の問題の場合は，このうちの「たす数」と「たされる数」の2つをマスキングして（□や○にして）提示するのです。

> りんごがお皿に□個のっています。そこに，お母さんが買ってきたりんご○個が増えました。お皿にのっているりんごは，全部で7個になりました。
> □と○には何が入るでしょうか。

❷複数の答えがあることに気づく場

このように，2か所の数値をマスキングした状態で提示すると，その組み合わせが複数存在する（答えがいくつもある）問題になります。

 □と○には何が入るかな？

えっ，2か所もわからないの…？

どちらかの数を入れないと，絶対わからないんだね…？

 どちらかの数を入れないと，絶対わからないんだね…？

いや…，わからないというか，何個も答えがある。

 えっ，何個も答えがあるの？

そうそう，あるよ！

 何種類の答えがあるのかな？

「答えが何種類もありそうだ」という見通しが全体に共有されたところで，一人ひとりで考える時間を取ります。もちろん，はじめのうちはすべての答えを1人で見つけられる必要はありません。**結果を全員で確認する中で，「そんな考え方もあったんだ」と気づくことができればよいの**

です。

❸きまりを明らかにする

　しばらく一人ひとりで考えさせたら，その結果を全体で
確認していきます。

　　　1個と6個　　　5個と2個　　　2個と5個

　　　4個と3個　　　6個と1個　　　3個と4個

並べ替えたい！

きれいな順番に並べ替えられるよ。

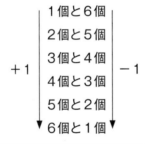

$+1$　　　1個と6個
　　　　　2個と5個
　　　　　3個と4個　　　-1
　　　　　4個と3個
　　　　　5個と2個
　　　　　6個と1個

確かにきれいだね。□が1増えると，〇は1少なく
なっていくね。これを「きまり」と言うよ。

　こうして，「一方が変わればもう一方も変わる」といっ
たきまりに目を向けていく場をつくっていくのです。

　**このような経験を繰り返すことで，子どもたちは，きま
りの美しさや，それを見つけるおもしろさを実感していく**
はずです。

❹ひき算の場合

「2か所をマスキングする」という方法をひき算の学習に取り入れる場合には，**「ひかれる数」だけを残して，「ひく数」と「差」をマスキングする**とよいでしょう。

> 公園で子どもが8人遊んでいました。途中で5人が帰りました。残りは3人です。

> 公園で子どもが8人遊んでいました。途中で□人が帰りました。残りは○人です。
> □と○には，どんな数が入るでしょう。

このようにすると，子どもたちは「公園から帰った人数」と「残っている人数」が合わせて8人の場合について，その組み合わせを考えていくことになります。

たし算とひき算，どちらにも共通しているのは，**全体の人数を示し，その他の数をマスキングする**という点です。

このようにすることで，**考える範囲がある程度限定され，低学年でも考えやすい教材になる**のです。

「関係する量を多く見つけさせる」ことで, きまりを活用する力を育てる

4年「変わり方調べ」など

　「変わり方調べ」や「比例と反比例」では,「きまり発見」を重視した授業が行われますが, 自らきまりに着目したり, きまりを活用して考えたりする子は多くありません。
　どうすれば, いつでもきまりに目を向け, 活用する力が育つ教材をつくることができるのでしょうか。

1　単位に対するイメージを覆す

❶「きまり発見」だけが重視される授業

　4年「変わり方調べ」の学習や, 6年「比例と反比例」など,「変化と関係」を扱う学習場面では, 次のような学習展開になることが多くあります。

> 正方形の数と棒の本数の関係を考えましょう。

> 縦と横の長さの間には, どんなきまりがありそうかな？

> 正方形が1つのときは4本で, 2つのときは…

　このように, 上記のような授業では, 多くの場合, きま

りを発見することだけが重視されます。

　しかし，本来「変化と関係」領域の学習では，**関係性のある２量そのものを，自分で見つける力をとても大切にしています**。

　先に示したような学習だけをしていては，このような力は，いつまで経っても育っていきません。

❷きまりを活用して考える

　そもそも，私たちの身の回りを見てみると，きまりがある数量の関係ばかりというわけではありません。

　今日，皆さんがトイレに行った回数とまばたきをした回数の間に何らかの関係性があるでしょうか。まさか，トイレに行った回数が２倍になると，まばたきの回数も２倍になる…なんて方はいないはずです（恐らく，摂取した水分量とトイレに行く回数はある程度関連しているとは思いますが…）。

　つまり，規則性が成り立つような関係にある２つの数量（依存関係にある２量）というのは，実はそれほど多くないのです。**だからこそ，それに着目して問題解決に活用することに価値がある**わけです。

　「新しく開発したロケットで月まで行ったことはないけれど，速さと距離の関係性を利用すれば，到着までの時間が予想できそうだ」といったようなことは，まさに，こうした２量の間にあるきまりをうまく活用して考えている例です。

2 「関数的な見方・考え方」を豊かにする

❶伴って変わる量をたくさん見つける

ここでは，関係性のある2量を自分で見いだす力を育てるために，「**関係する量を多く見つけさせる**」という教材づくりの方法で授業を構成していきます。

次の問題を見てください。

2cmの棒を並べて正方形をつくり，それを右側につなげて増やしていきます。

正方形が30個になったとき， _____ の数（量）は，どうなるでしょうか。

大切なのは，**この問題のゴール部分をマスキングしておくこと**です。これにより，何を求める問題なのかがわからない状況にしておくのです。

そのうえで，次のように全体に投げかけていきます。

「正方形の数が増えるときに，それに伴って変わる数（量）って何がありそうかな？」

すると，子どもからは，次ページのように様々な意見が出てくるはずです。

・角の数　　・棒の数　　　・横の辺の長さ

・面積　　　・頂点の数　　・まわりの長さ

❷表に整理し，気づきを引き出す

このような意見が子どもから出されてきたなら，表を使いながら，それらが本当に「伴って変わる量なのか」を確認していくとよいでしょう。

正方形の数	1個	2個	3個
角の数	4つ	4つ	4つ
棒の数	4本	7本	10本
横の辺の長さ	4cm	8cm	12cm
面積	4cm^2	8cm^2	12cm^2
頂点の数	4つ	4つ	4つ
まわりの長さ	8cm	12cm	16cm

…

「あ，そっか。角や頂点の数は増えないのか」

「棒の数は３本ずつ増えてる！」

「横の辺の長さ，面積，まわりの長さは４cm（４cm^2）ずつ増えているね」

具体的に数値を確認しながら表に整理していくと，このように**伴って変わる関係のもの，伴って変わらない関係のもの**が明らかになってきます。

また，**伴って変わる数量の間には，どのような「きま**

り」があるのかについての気づきも生まれてくるのです。

❸きまりを活用する有用性を実感する

　ここまで来たなら，問題文の ☐ の中に「棒の数」
など，その時間の学習で扱いたい数量を入れて考えさせて
いくとよいでしょう。

　今日は，☐ に「棒の数」を入れて考えてみよう。

　棒の数は３本ずつ増えているから…

　正方形が２個のときは＋３，３個のときは
＋３＋３，ということは30個のときは…

　３本が29回分増えるってことだよね？

$$4 + \boxed{3 \times 29}$$

　きまりを使えば，たとえ30個の場合でも簡単に解決でき
るということがわかるはずです。

　こうした学びを通して，**子どもたちは関係性のある数量
に着目し，そこで見いだしたきまりを活用することの有用
性を実感していくことができる**のです。

「何を求めるのかを隠す」ことで，数量の関係を整理する力を育てる

5年「単位量あたりの大きさ」，5年「割合」，6年「比」など

　問題の中の数量の関係を適切に読み取ることができず，文中に出てくる数値の大きさや順序などを基に誤った式を立ててしまう子がいます。
　どうすれば，数量の関係を整理する力が育つ教材をつくることができるのでしょうか。

1 数量の関係に着目する

❶重要なのは数量の関係に着目しようとする力

　「変化と関係」領域の学習で育てたい力は，数量の関係を的確に把握し，それを問題解決に生かしていく力です。

　数直線のかき方を指導することも重要ですが，何より大切にしたいのは，**数量の関係に着目して考えようとする態度を養っていくこと**なのです。

　式を立てたり数直線に表したりする際，数量の関係には目を向けず，問題文に出てくる数値の大きさや順番を基に考えている子どもというのは，意外に多いものです。

　これでは，どんなに数直線のかき方を指導し，身につけさせたとしても，あまり意味がありません。

❷どこをマスキングするか

　ですから，問題の提示段階から，数量の関係について考

えていくような場を設定していくことが大切になります。

これが，「(問題文中の) 何を求めるのかを隠す」という教材づくりの方法です。

マスキングの手法については，ここまででも何度か触れていますが，**どのような力を重点的に育てたいかによって，何をマスキングするかを変えていく**ことがポイントです。

今回のように，数量の関係に着目し，その関係を活用して問題を解決していく力をはぐくんでいきたい場面では，「何を求めるか」自体を隠すことが，大変有効になるのです。

2 　2量の関係に着目して考える場をつくる

❶関係性のある2量に着目する場をつくる

5年「単位量あたりの大きさ」を例に考えてみましょう。まず，下の問題を見てください。

> ガソリン1Lあたり14km走るバイクがあります。
> このバイクは8Lのガソリンで何km走るでしょう。

当然，ガソリンの量が8倍になれば走る距離も8倍になるはずです。

しかし，わからない子どもにとっては，この当たり前に見える数量の関係を把握することが難しいわけです。

そこで，次のような問題に変えていきます。

> ガソリン１Ｌあたり14km走るバイクがあります。
> このバイクは何km走るでしょう。

こうした問題を提示したうえで，次のように授業を展開していくのです。

 このバイクって，何km走ると思う？

14kmじゃない？

えっ，でもそれはガソリンが１Ｌのときでしょ？

だよね。何Ｌのガソリンが入っているかで決まるんじゃない？

 そうなの？
ガソリンの量によって，走る距離は変わるの？

このように，教師は**「２つの数量の間に関係性があること」を前提とせずに全体に問い返していく**ことが大切です。

子どもの発言を基に，**ガソリンの量と走る距離の間には「何らかの関係がありそうだ」ということを，全体で丁寧に共有していく**のです。

❷いくつかの場合を通して２量の関係性を捉える

さらに，次のように授業を展開していくことで，どの子にとってもガソリンの量と走る距離の関係を明確に捉えら

れる場が生まれます。

では，何Lの場合なら走る距離がすぐわかりそう？

2Lならすごく簡単だよ！

ガソリンが倍になるんだから，走る距離も
14kmの2倍（×2）じゃない？

10Lとか100Lの倍も簡単。走る距離を
10倍，100倍にすればいいだけ。

なるほど。走る距離は2Lなら2倍，
10Lなら10倍，100Lなら100倍なんだね。

このように「すぐにわかる場合」をいくつか取り上げ，
これを式や数直線に整理していきます。

2Lの場合　14×　　2＝28　　（km）
10Lの場合　14×　10＝140　　（km）
100Lの場合　14×100＝1400（km）

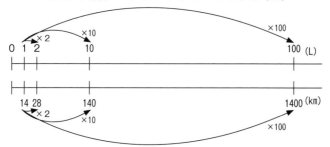

複数の場合を通して2量の関係を確かめていくことで，
その関係性がどの子にもはっきりと見えてきます。

そのうえで，「では，8Lの場合はどうなるかな？」と，本来考えさせたい問題へと移行していくのです。

もちろん，学級の子ども一人ひとりに数量の関係に着目して考える力が十分に身についているのなら，もう，このような手立てを使う必要はありません。

子どもの育ちを見取り，実態に合わせてこの教材づくりの方法を取り入れていくとよいでしょう。

3 他単元への応用

❶割合

この教材づくりの方法を他の単元で取り入れる場合についても考えてみましょう。例えば，5年「割合」の学習の場合ならば，次のような問題にしていくことができます。

> 3年生の人数は120人です。アンケートでは，そのうち36人が「サッカーを見るのが好き」と答えました。サッカーを見るのが好きな人の割合を求めましょう。

> 3年生の人数は120人です。アンケートでは，そのうち□人が「サッカーを見るのが好き」と答えました。サッカーを見るのが好きな人の割合を求めましょう。

この場合、「何人の場合なら、割合がすぐにわかりそうかな？」と問い、基準量と比較量の関係について全体で共有していくとよいでしょう。

そのうえで、□の中に数値を入れて考えさせていきます。

他にも、次のような問題にもこの教材化の方法を応用することができます。

> 小学校の全校児童400人に、朝食でお米を食べたかをアンケートしたところ64%の児童が「食べた」と答えました。「ある」と答えた児童の人数を求めましょう。

> 小学校の全校児童400人に、朝食でお米を食べたかをアンケートしたところ□%の児童が「食べた」と答えました。「ある」と答えた児童の人数を求めましょう。

この場合は、例えば「何%の場合ならすぐにわかるか」について考えさせてから、□の中に数値を入れていくのです。

❷比

6年「比」の学習でも，同様の教材化ができます。

　あたりくじとはずれくじの数の比が2：8になるようにくじをつくります。くじの数を全部で120個にするとき，あたりくじの数は何個でしょうか。

　あたりくじとはずれくじの数の比が2：8になるようにくじをつくります。くじの数を全部で□個にするとき，あたりくじの数は何個でしょうか。

　この場合も，□の中が100個の場合などについて線分図に整理していくことで，問題の構造がかなり把握しやすくなるはずです。

「範囲を求める問題」で，
自ら表を活用する態度を養う

4，5年「変わり方調べ」など

　「変化と関係」領域の単元の学習の最中は，どの子も表を使って考えている様子が見られますが，その単元の学習が終わると，だれも表を使おうとしなくなってしまいます。
　どうすれば，自ら表を活用する態度が養われる教材をつくることができるのでしょうか。

1　自ら表を活用する態度を養うには

❶表を使うことの必要感

　「表」は，様々な問題解決場面で活用できる有用な道具の1つです。ところが，普段から子どもが自ら表を使って整理する姿は，実はそれほど多く見られるものではありません。

　問題文の中に「表にかいて調べなさい」「下の表の空欄を埋めなさい」といったような指示があれば，子どもは表を使うでしょう。しかし，そうした指示がなければ，多くの子は自ら表を使って考えようとはしないものです。

　こうした背景には，**これまでに必要感をもって表を活用して考える場面を子どもがあまり経験してきていない**という実態があります。

　このようにいうと，「4，5年『変わり方調べ』や6年『比例と反比例』の学習などで，子どもたちはたくさんの

表をかいているではないか」と思われるかもしれません。

ここで注意したいのは，**子どもが「自ら表を使って考えようとする場」がそこに位置づいていたか**ということです。実際には，表を使うことを前提に授業が進められていることがほとんどで，多くの子どもは「この単元はいつも表を使うもの」と思い込んで取り組んでいるのです。

つまり，**必要感があって表をかいているのではなく，表を使わなくてはならない単元だから使っている**わけです。

これでは，いつまで経っても表を活用しようとするはずがありません。

❷表を使うという前提を取り除く

自ら表を活用する態度を養いたいのであれば，「単元をバラバラにする」ことが有効です。

例えば，4年「変わり方調べ」の単元を1時間ずつに解体し，それぞれをトピックとして年間のカリキュラムの中に散りばめて位置づけてしまうのです。こうすると，当然，子どもたちの中に**「表を使う単元だから使う」という前提はなくなります**。

つまり，表をかく必要感がないのに，子どもが勝手に表をかき始めるといった状況は生まれなくなるのです。

2 「範囲を求める問題」とは

❶範囲を意識させることで表の必要感を生む

そのうえで，「範囲を求める問題」にするという教材づ

くりの方法を取り入れていきます。

　5年「変わり方調べ（2つの量の変わり方）」の学習を例に，具体的にみていきましょう。

> 　1mのねだんが160円のリボンを買うときの，買う長さと代金の関係を表に整理しましょう。

　この問題では，問題文の中で表をかくことをあらかじめ指示しています。これでは，自ら表を活用することにはなりません。

　そこで，次のように「範囲を求める問題」に変えます。

> 　1mのねだんが160円のリボンがあります。代金が500円以上1000円未満になるのは，何mのリボンを買ったときでしょうか。

　範囲を求めるということは，その範囲の始まりと終わりを特定する必要が出てきます。ですから，**子どもたちの中に「答えの範囲がどこからどこまでなのかを探りたい」という思いが生まれ，同時に，表を活用する必要感が生まれてくる**のです。

❷表を活用して範囲を明らかにする

　こうした必要感が生まれてくると，子どもたちは自ら表をかきたいと考え始めます。

500円～1000円になる長さは？

 1mで160円だから，2mで320円。3mなら…

 よくわからなくなってきた…。表に整理した方がよさそうだ。

 なるほど，こういうときは表を使うと便利なんだね！

買う長さ （m）	1	2	3	4	5	6	7
代金 （円）	160	320	480	640	800	960	1120

 ちょうど，4mから6mまでの間が，問題の条件に合いそうだよ！

この「範囲を求める問題にする」という教材づくりの方法は，他の問題場面でも取り入れることができます。多くの学習場面に取り入れていくことで，子どもたちは表を活用することのよさを実感していくことができるはずです。

ただし，注意していただきたいことは，はじめにもお伝えしたように，**こうした学習を単元として連続で行わないようにする**ということです。

あくまで，**「表を使うこと」が前提になっていない中で，表を活用したくなる場，表の有用性を実感する場を経験していくからこそ，本当の意味で自ら表を活用する態度が養われていく**からです。

「目的地だけを提示する」ことで，きまりに着目して考える力を育てる

6年「比例と反比例」など

「変わり方調べ」や「比例と反比例」の学習では表やグラフからきまりを見つけたり，それを式に表したりしていても，他単元になった途端，「伴って変わる2量」に着目して考えることができない子が多くいます。どうすれば，きまりに着目して考える力が育つ教材をつくることができるのでしょうか。

1　きまりに着目して考える力を育てる

❶関数の考え

「変化と関係」領域の学習では，ある2つの数量の間にあるきまりに着目し，それを問題の解決に生かして考える力を育てることをとても大切にしています。

このような思考の進め方のことを「関数の考え」と言い，算数・数学ではとても大切にされている考え方の1つです。

ところが，全国的な学力テストの結果などをみると，こうした力が子どもたちに十分に身についていないという実態が見てとれます。

こうした背景には，どのような問題があるのでしょうか。

6年「比例と反比例」の学習の中で扱われる，次のような代表的な問題を基にみていきましょう。

次の表は，針金の長さ x cmと重さ y g の関係を表しています。針金が80cmのとき重さは何 g でしょう。

長さ（x）	1	2	3	4	5	6
重さ（y）	5	10	15	20	25	30

　こうした問題に取り組むことで，比例関係を式に表したり，問題で問われている数量を求めたりすることはできるようになります。

　一方で，こうした学習だけで，先に述べたような「伴って変わる2量」に着目して問題を解決していく力が十分に育っていくわけではありません。

❷伴って変わる2量を子どもが見いだす場

　前述の問題では，問題文の中に伴って変わる2量があらかじめ表で示されています。

　これはつまり，問題提示の段階で「この数量の関係を使って考えなさい」「長さと重さの関係を生かすと，100cmの場合の重さがわかりますよ」と，子どもが考え始める前に伝えてしまっているのと同じことです。

　これでは，**問題の解決に必要な伴って変わる2量の関係を子ども自身が見いだす場が生まれることはない**のです。

2 目的地だけを提示する教材の効果

❶目的地だけ提示するとは

そこで，ここでは「目的地だけを提示する」という教材づくりの方法を取り入れ，子どもが自ら伴って変わる2量の関係に着目して考えていく姿を引き出していきたいと思います。

例えば，先ほどの問題であれば，「伴って変わる2量の関係」をあらかじめ問題文の中に示さず，下記のように目的地（何を求めたいか）のみを提示するのです。

> この針金が80cmのときの重さは何gでしょうか。

子どもからは，「えっ，どういうこと？」「これだけの情報ではわからないよ」といった声が上がってくるでしょう。これが，伴って変わる2量の関係に着目するきっかけとなるのです。

❷長さと重さの関係に着目する場

この針金が80cmのときの重さは何g？

えっ，どういうこと？

それだけじゃわからないよ…

なるほど。では，何が知りたいの？
ちょっと，お友だちと相談してごらん。

 1cmで何gの針金なのかがわかれば…

 10cmの場合でもいいと思う。

 とにかく，他の場合の長さと重さの関係がわかれば，80cmの場合もわかるはずだよ。

このように，**子どもが他の場合の長さと重さの関係にかかわる情報の必要性に気づいたら，問題文にその情報を追加していきます**。

 この針金は，1cmのとき5gです。

 だったらわかったよ！　長さが80倍なら重さも80倍になるはずだから…

もし，ここで子どもたちが資料を読み取る場を設定したいのであれば，具体的な数値ではなく，下記のようなグラフもしくは表を示していくとよいでしょう。

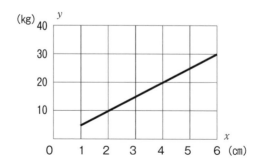

❸「関数の考え」を強化する

　子どもの力がしっかりと定着してきたなら，次のような発展的な問題にしていくこともできます。

> 　10枚のとき，高さが2.5㎜になる画用紙があります。今，この画用紙の束の高さが30㎜のとき，何枚あるでしょう。

> 　この画用紙は，何枚あるでしょう。

　この問題では，「枚」以外の量はあらかじめ何も提示されていません。ですから，**「枚数とどんな量を関連づけて考えていけばよいか」自体を，子ども自身が見いだしていく必要があります。**

　ある子どもは，「高さと枚数」の関係が問題の解決に使えることに気づいていくかもしれません。また，「重さと枚数」の関係に着目する子どもも出てくるかもしれません。

　このように，**「どの2量の関係に着目して解決するか」についても子どもに委ねるような教材を扱っていくことで，関数の考えはより強化されていく**のです。

「比べる場面にする」ことで，割合の意味理解を深める

5年「割合」など

> 問題は解くことができても，割合の意味や割合で考えることのよさまで理解できている子は多くありません。
> どうすれば，割合の意味理解を深めることができるような教材をつくることができるのでしょうか。

1 割合指導の問題点

❶割合の考え方を用いることの必要感

算数において，子どもたちが苦手とする学習内容のトップと言えば，やはり，それは「割合」でしょう。

実際に，全国で行われている学力テストにおいても，これまで何度も課題としてあげられています。

これには様々な要因が考えられます。

やはり，一番大きいのは，割合という概念自体の難しさであることは確かでしょう。

一方で，指導面の問題点もあります。

単元の導入でこそ数量を比較する場面を扱い，割合の考え方を用いることの必要感を引き出す授業を行うことが多いですが，その後はというと，基準量や比較量を求める練習問題を繰り返すことがほとんどです。

時には，問題文の中のヒントとなる言葉，基準量や比較

量に下線を引かせ，それを基に立式するような形式的な指導が訓練のように行われることすらあります。

こうした指導では，割合に対する理解を深めていくことは難しいのです。

❷目的が欠け落ちた練習問題

次に示すのは，割合の学習の中盤で扱われる代表的な問題の例です。

> 5年生60人の中で二重とびができる人数を調べたところ，36人でした。二重とびができる人数は，全体の人数の何%でしょう。

こうした問題は，確かに割合を計算で求める「手続き」の練習にはなるかもしれません。しかし，<u>「何のために割合を求める必要があるのか」といった，一番大切な「目的」の部分が抜け落ちてしまっています。</u>

ですから，<u>このような学びを何度繰り返したとしても，子どもが割合の意味理解を深めたり，そのよさに気づいたりすることはない</u>のです。

2 割合で考える必要性を引き出す教材づくり

❶問題を「比べる場面」に変える

子ども自身が割合を用いることの意味やそのよさに気づいていくような学びをつくるためには，問題を「比べる場

面にする」教材づくりが有効です。

　先ほどの問題を「比べる場面」にした場合をみてみましょう。

> 　5年生60人の中で二重とびができる人数を調べたところ，36人ができることがわかりました。
> 　一方で，6年生は50人中30人ができることがわかりました。
> 　5年生と6年生では，どちらの方が二重とびがよくできる学年と言えるでしょうか。

　これを見ると，問題文が長くなり，少し難易度が上がったと感じる方がいるかもしれません。

　しかし，上記の問題は，割合を求める練習問題が2問分つながっているだけです。ですから，計算処理は2倍になりますが，問題自体が質的に難しくなっているわけではないのです。

　このように考えれば，どうせ2問取り組ませるのなら，こちらの方がずっとよいのはおわかりいただけると思います。

　なぜなら，前述の問題に比べて，こちらの問題は「比べる」ことが割合を使うことの目的として位置づいているからです。これにより，割合で考える必要感が子どもから引き出される問題になっているのです。

❷なぜ，割合で考えるのかを再確認する

　実際に授業でこうした問題を扱っていく際には，次のようにかかわりながら，割合で考えることの必要性を強調していくとよいでしょう。

この問題は，人数を比べればすぐにわかりそうだね！

ダメだよ！　人数じゃ比べられない。

そうなの？　みんなはどう思う？

学年の人数が違うから，とべる人数を比べるだけじゃわからない。

例えば，とべる人がどちらも1人だとして，学年の人数が10人と20人で違ったら…

同じ1人としても，その「価値」が違ってくるよ。

　このように，「どうして人数そのものを比較する方法ではダメなのか」を全体で再確認していくのです。こうした場を通して，これまで割合の意味をよく理解できていなかった子どもたちも，割合で考える意味やよさに気づいていくことができるのです。

❸比較量や基準量を求める問題を「比べる場面」にする

　教科書や問題集で扱われているような問題を「比べる場面」にアレンジしていくだけで，子どもたちに割合で考え

る必要性を実感させることができるようになります。

　これは，比較量や基準量を求めるような問題でも同じように教材化することができるので，下記の例を参考に，ぜひチャレンジしてみてください。

比較量を求める問題の場合

　昨年のコンサートのチケットの売れ行きは，定員800人のところ60％でした。

　今年は，75％が見込まれています。

　昨年よりも何枚多くチケットを用意すればよいでしょうか。

基準量を求める問題の場合

　牛肉Ａは30％引きで1890円でした。

　一方，牛肉Ｂは40％引きで1820円でした。

　もともとは，どちらの牛肉の方が高級だと言えるでしょうか。（牛肉の量は同じ）

第6章

「データの活用」領域の
教材づくりと授業デザイン

「データが流れていくようにする」ことで，データを収集する力を育てる

3年「棒グラフと表」など

データを集める際，落ちや重なりがみられる子が多くいます。とはいえ，データの活用の授業のたびにデータ収集からやっていると，授業時数がどれだけあっても足りません。どうすれば，限られた時間の中でもデータを収集する力が育つ教材をつくることができるのでしょうか。

1 「データの活用」領域における学び

❶偏りがちな統計の学習

「データの活用」領域における学びでは，Problem（問題），Plan（計画），Data（データ収集），Analysis（分析），Conclusion（結論）の，いわゆる PPDAC サイクルと言われる統計的探究プロセスを大切にしています。

とはいえ，小学生の子どもがはじめからそういった一連のサイクルを回しながら探究してくことができるわけではありません。

ですから，算数の学習では，上記のサイクルの一部を切り取って学習場面として位置づけていくことがあります。

しかし，このときにおおよそ中心となる学習は Analysis（分析）の場面です。恐らく，一斉学習として扱いやすい場面だからでしょう。

教科書やテストの問題などにおいても，ほとんどの場合

は，すでに集められたデータが示されていたり，それが表やグラフの状態になっていたりすることが多いと思います。

しかし，こうした学習ばかりをしていると，分析さえできればデータを活用する力が育ったかのような錯覚を起こしてしまいます。

まずは分析よりも何よりも，**目的をもって自分自身でデータを収集する力を育てていきたい**ものです。

❷限られた時間でデータ収集する力を育てるために

しかし，データを集めるためにアンケートを取りに行ったり，毎時間外に出かけて調べてきたりするわけにもいきません（もちろん，できるだけそのような機会を位置づけたいものですが）。

授業時数には限りがありますから，ある程度コンパクトに収めながらも，データを収集する力が育つような学びを実現していきたいわけです。

そこで，「データが流れていくようにする」という教材づくりの方法を取り入れます。

これは，パワーポイントなどのプレゼンテーションソフトを使い，データをランダムに流れるように提示していくというものです。

2 データが流れていくように提示する

❶モニターを使ったデータの提示方法

3年「棒グラフと表」の学習を例に説明します。

この単元の導入では，多くの教科書で「乗り物調べ」を
取り上げていますが，紙面で見せる都合上，そのデータを
イラストなどの静止画として示す形式をとっています。

　こうしたデータの提示を，テレビモニターなどを使いな
がら，画面右から左へと車が通り過ぎていくように行って
いくのです。

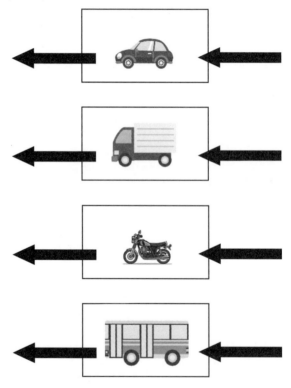

❷データの集め方

　はじめは，ある程度速めの設定で提示するとよいでしょ

う（走っていくように提示するのが難しければ，画像が数秒ごとに入れ替わるような，フラッシュ提示でも構いません）。

こうした映像を見た子どもたちからは，**「集計の仕方」に着目した発言**が出てくるはずです。

ちょっと待って，メモするのが間に合わない。

 どうしたらいいかな？

車の種類ごとに，何台かを数字で書いていけばいいんじゃない？

それでも間に合わなかったよ。結構書き間違えちゃったし…。

 できるだけ「速く」「正確に」調べたいということなんだね。

「正」の字を書いていけばいいんじゃない？

乗用車　　正正

トラック　正

あらかじめ車の種類を予想して書いておけば，あとは「正」の字を書くだけだから調べやすいと思う。

❸落ちなく正確に手早く集計するために

このように，「データが流れていくようにする」ことで，子どもたちから集計の仕方にかかわるアイデアを引き出し

ていくことができます。

　落ちがないように正確に素早く集計するためには，「正」の字を書いて集計することがとても有効であることがどの子にもみえてくるのです。

　また，下記のように，ときどき「目的とは関係ない（この場合，乗り物ではないもの）情報」を提示していくことも有効です。

　何のためにどのような種類のデータを集めているのかについて，改めて確認する場が生まれるでしょう。

　一方で，こうして集計したデータは，このままではあまり見やすいものではありません。

　そこで，**「表やグラフにどのように整理していくとよいか」について考える次の学びにつなげていく**わけです。

　「このままでは見づらいし，分析しにくい」「もう少し見やすい表し方はないかな」といった子どもの思いを十分に引き出しながら，Analysis（分析）の活動へとつなげていきましょう。

「目的と項目を決めさせる」ことで，必要なデータを考える力を育てる

4年「折れ線グラフと表」など

「データの活用」領域では，教師から一方的にデータを提示し，それを分析させる授業になりがちで，その結果，総合的な学習の時間などにまったく的外れなデータを基に分析を進める子が出てきてしまいます。どうすれば，必要なデータを自分で考える力が育つ教材をつくることができるのでしょうか。

1 問題（目的）を自分で見いだす

❶何のためにどんなことを調べるのか

　何かを統計的に分析したいというとき，基本的には「目的」が先にあります。

　例えば，「学力の傾向が，学習時間以外のどんなことと関係しているかを調べたい」といったように，「何のためにどんなことを調べるのか」という目的が最初にあり，それを基にデータを収集し，分析し，結論を導いていくわけです。

　とはいえ，本章冒頭でも述べたように，こうした一連の統計的探究プロセスのすべてを，いつでも授業の中で扱えるわけではありません。

　ですから，問題提示の中で目的や調べるべきデータをあらかじめ示してしまい，分析だけをさせるといった授業が多く行われる実態があるのです。

❷調べる目的とデータ項目を自分で決めさせる

しかし本来，<u>PPDAC サイクルの P（問題）P（計画）D（データ）までの過程は，統計的探究プロセスを下支えするとても大切な部分</u>と言えます。

ですから，「何のために，どんなデータをどのように集めていくべきか」について考える過程を大切にした学びを展開していく必要があります。

そこで，「(調べる) 目的と項目を（自分で）決めさせる」という視点を取り入れ，教材化していきます。

とはいえ，何もないところから「自分で何か目的を見つけて調べてみましょう」と言ったところで，多くの小学生は戸惑うばかりで何もできないでしょう。

ですから，こうした経験値が少ない小学校段階では，教師がある程度場を整えていく必要があります。

2 目的と項目を自分で決める学び

❶目的を共有する

4年「折れ線グラフと表」の学習では，二次元表の学習を通して，2つの観点からデータを整理していくことを学びます。

例えば，「発生しているけがの種類と場所における人数」を調べることで，どんな種類のけががどこで発生しやすいのかについて明らかにしていくといった流れの学習展開があります。

しかし，このままでは，「何のデータを集めて調べるべ

きか」について，子どもが考える余地がありません。

　そこで，次のように問題を提示していきます。

 ちょっと，このグラフを見てくれる？

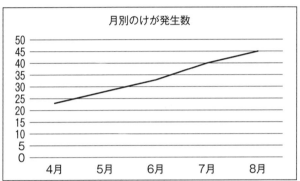

月別のけが発生数

 大変！　けががすごく増えているよ。

 このままでは保健室の先生が困ってしまうよ。
もう少し，気をつけないと…

 でも，何に気をつけたらいいのかな…

 では，けがを少しでも減らせるようポスターづくりを
してみよう。「何に気をつけたらいいか」を明らかに
するにはどんなデータを集めて調べたらよさそう？

❷どんなデータが必要かを考える

　このように全体で大きな目標（けがを減らすためのポス
ターづくりをする）を共有したなら，そのためにどんなデ

ータが必要なのかについて個々に考える時間を取ります。

　子どもたちからは，様々な意見が出てきます。

　○けがの種類ごとの人数

　○けが発生場所ごとの人数

　○けが発生時間帯ごとの人数

　○けが発生時の学習教科と人数

　○学年ごとのけがの人数

　○性別ごとのけがの人数

　実際に私が受け持っていた学級では，「運動の好き嫌いごとのけがの人数」や「寝ている時間数ごとのけがの人数」などといった意見も出てきました。

　こうした視点は「運動が好きな人は普段から活発で，けがが多いのではないか」「寝不足な人は，けがが多いのではないか」といった予想から出てきたものです。

　まさに，このように**自分なりの仮説を立て，「関係がありそうだ」と思われるデータ項目について考える過程こそが，統計的探究プロセスの重要なポイントになる**のです。

❸データを集計し，整理する

　上記のようなデータの多くは，保健室に行くと調べることができます。

　あらかじめ養護教諭と打ち合わせしておき，集計する前の資料を用意しておいていただけるように頼んでおくとよ

222

いでしょう。

　また，保健室にないデータに関しては自分たちで集める
しかありませんから，こうした機会にアンケート調査など
に取り組ませてもよいでしょう。

　恐らく，保健室のけがにかかわるデータの多くは，下記
のように個人ごとに複数の内容が記載されていることが多
いと思います。

年組	名前	種類	場所	時間
2年1組	○○花子	打ぼく	廊下	中休み
5年2組	○○太郎	擦り傷	グラウンド	3時間目（体育）

⋮

　子どもたちは，このようなデータを基に必要な項目につ
いて集計し，表に整理していくことになります。

意外と廊下でのけがが多いね。

やっぱり，休み時間と体育の時間
のけがが圧倒的に多いよ。

❹相関がありそうな項目についての気づきを取り上げる

　こうした集計活動をしていると，中には次のように相関
がありそうな項目に気づき始める子どもも出てきます。

廊下のけがって，打ぼくが一番多い気がするんだけど，気のせいかな？

いや，たぶんそうだと思うよ。

あと，グラウンドのけがは擦り傷が多い気もする…

 なるほど。けがの場所と種類には何か関係がありそうなんだね。それは，どのように集計したら調べられそうかな？

場所ごとにどのけがの種類が何人いるかを調べればいいんじゃない？

〈打撲〉

場所	人数
教室	12
グラウンド	6
廊下	18

〈擦り傷〉

場所	人数
教室	4
グラウンド	23
廊下	6

 そうですね。これを調べれば，どこでどんなけがに気をつければよいのかがわかりそうですね。これを，こんな表にすることもできますよ。

　このように伝えたうえで，次のような二次元表のかき方を確認していくのです。

	打撲	擦り傷	切り傷
教室	12	4	15
グラウンド	6	23	14
廊下	18	6	2

　こうして新しい整理の仕方（2つの観点の関連の整理）を知った子どもたちは、「だったら，学年とけがの種類を調べてみようかな」「性別によるけがの種類の違いも何かわかりそうな気がするから調べてみたいな」と，自分が見いだした目的に合わせて，表にデータを整理していきます。

　このように，「何について明らかにしたいのか」という「目的」を自分自身で見いだし，それを調べるためにはどんなデータ項目について整理していくとよいのかを考えることで，統計的探究プロセスはより充実したものになっていくのです。

「目盛り設定へのしかけ」で, グラフの細部まで目を向け, 考える力を育てる

4年「折れ線グラフと表」など

　1目盛りの大きさをよく確認していなかったり, 数値の読み取りを誤ったりと, グラフを表面的にしか見ていない子は少なくありません。
　どうすれば, グラフの細部まで目を向けて考える力が育つ教材をつくることができるのでしょうか。

1　表し方によって大きく違う受け手の印象

　資料は, その整理の仕方と表し方によって, 見る人に大きく違う印象を与えることができます。

　例えば, 下の2つのグラフは, 同じデータを基につくったものですが, ひと目見ただけでは, 元データが同じであるようには見えないのではないでしょうか。

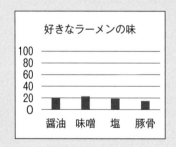

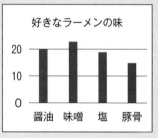

　こうした表し方による印象操作というのは, 実は私たちの生活の中では日常的に使われています。

　例えば, テレビや広告紙, パンフレットなどで見られる

グラフなどでも，こうした手法は多く取り入れられています。

　統計データそのものでウソをついてしまうと罰せられますから，もちろんそれはできません。ですから，データの改ざんは行わず，このように**表現方法を変えることで読み手の印象をコントロールしている**というわけです。

　このような，目的に合わせた資料の整理の仕方や表し方というのは，「データの活用」領域における大切な学びの1つです。

　これは，自分自身がグラフを読み取る際に誤った見方をしないためにも，目的に合わせてグラフをつくることができるようになるためにも欠かせない力なのです。

　そこで，ここでは**「目盛り設定へのしかけ」**という手法を取り入れ，表し方の違いによるグラフの見え方について深く考えることを通して，グラフの細部まで目を向け，考える力をはぐくむ授業をつくっていきたいと思います。

2　目盛り設定にしかけをする①

❶1目盛りの大きさに着目する場

　4年「折れ線グラフと表」を例に見ていきましょう。

　はじめに，長縄とびの練習の記録の変化について，次ページのようにグラフで提示します。ここでは，**「1目盛りの大きさについての表記を隠して示す」**というしかけを取り入れています。

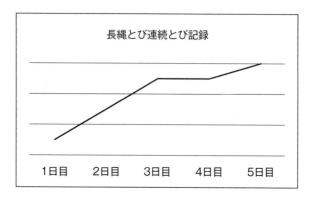

長縄とび連続とび記録

1日目　2日目　3日目　4日目　5日目

これは，隣の学級の長縄とびの記録の変化です。
記録は伸びてきていると言えるかな？

うわっ，すごく記録が伸びているよ！

見るからに伸びているよね。

でも，１目盛りの大きさが…

確かに，目盛りの大きさ次第では微妙かも。

１目盛りの大きさが何か関係あるの？

あるよ！　だって，もし１目盛りが10回なら，
すごく記録は伸びていると言えるし，１回なら，
あまり伸びているとは言えないでしょ？

このようにして，**1目盛りが表す大きさによって結論が変わることに気づき，その重要性を実感していく**のです。

❷複数の場合を検討する

目盛りの大きさに着目する姿を子どもから引き出せたなら，「仮に1目盛りが〇回だったら…」と，いくつかの場合について全体で検討する場面をつくります。

・1目盛り1回なら…記録が伸びているとは言えない
・1目盛り2回なら…あまり記録が伸びているとは言えない
・1目盛り5回なら…ある程度記録が伸びていると言える
・1目盛り10回なら…すごく記録が伸びていると言える

こうして，**1目盛りの大きさが何に設定されているかによって，同じグラフであってもその見え方が大きく違ってくることがどの子にもみえてくる**のです。

3 目盛り設定にしかけをする②

❶グラフ用紙の選択とグラフの比較

グラフの表し方による見え方の違いを実感させていくためには，次のような教材化も大変効果的です。

1 グラフ用紙を選択させる
2 1目盛りの大きさが違うグラフを比較させる

いずれも，グラフの表し方の違いによって，その見え方が大きく変わってくることを実感する学びをつくることができます。

❷グラフ用紙を選択させる

一般的に，何かのデータをグラフに表す活動を行うという場合，教師があらかじめ用意しておいたグラフ用紙に表現させることが多いと思います。

「グラフ用紙を選択させる」という方法は，この**グラフ用紙を複数の形式で用意しておき，どの用紙を使ってグラフ化するのかを子どもに選択させる**というものです。

例えば，次のようなデータをグラフ化したい場面を考えてみます。

図書の貸し出し件数の変化

	1週目	2週目	3週目	4週目
冊数	36	45	42	56

このとき，次ページのように，3種類のグラフ用紙をあらかじめ用意しておき，この3つのうちのどれを使って折れ線グラフをつくるのかを子どもに選択させるのです。

貸出冊数の変化

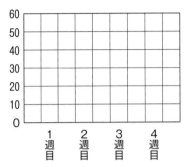

貸出冊数の変化

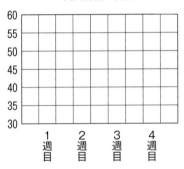

貸出冊数の変化

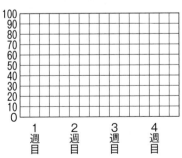

グラフ用紙を選択させるだけでなく，「自分でグラフ用紙をつくる」といった経験をさせることも大変有効です。「どれくらいの幅で目盛線をかくか」「1目盛りの大きさを何に設定するか」「目盛りの最大値をいくつにするか」など，**目的に合わせたグラフの表し方について，深く考える場が生まれます**。

❸ 1目盛りの大きさが違うグラフを比較させる

　また，複数のグラフを比較して分析するような場面では，次のように表し方が異なるグラフを比べる場を設定するとよいでしょう。

紙飛行機大会に出るなら，どちらを選ぶべき？

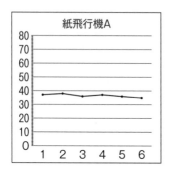

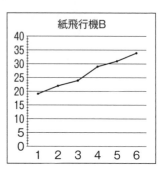

〈紙飛行機の試行回数ごとの記録の変化〉

　上記の問題では，一見Bの紙飛行機を選んだ方がよいように思いますが，目盛りの最大値の違いや，1目盛りの大きさの違いを考慮すれば，一概にどちらか一方がよいとは言えないことがみえてくるでしょう。

「データを選ばせる」ことで，目的に合わせて資料を活用する力を育てる

5年「割合」など

目的に合わせて資料の中のどのデータを読み取る必要があるのか，まったく判断できないという子は少なくありません。
どうすれば，目的に合わせて資料を活用する力が育つ教材をつくることができるのでしょうか。

1 目的に合わせて資料を活用する力を育てる

たとえ同じ資料が目の前にあったとしても，「何のために使いたいのか」という目的が違えば，その活用の仕方も変わってくるものです。

「データの活用」領域では，このような「目的に合わせて資料を活用する力」を育てることをとても大切にしています。

しかし，実際に行われる授業では，目的があらかじめ問題文の中で示されていたり，学級全体で共通の目的を確認してから個々に追究を進めたりするということがほとんどです。

つまり，**子ども自身が目的を自分で見いだすような学習というのは，あまり行われていない**というのが実情なのです。

これでは，本当の意味で資料を活用する力を子どもには

ぐんでいくのは難しいと言えるでしょう。

2 多様な判断ができる資料を基にした学び

❶どのデータを活用するのかを自分で選択する教材

そこで有効なのが，「データを選ばせる（資料の中のどのデータを活用するのかを，自分で判断し選択することができるようにする）」という教材づくりの方法です。

5年「割合」の授業を例に具体的に考えていきます。

この授業では，はじめに「どちらがよいネジ職人だと言えるかな」と板書し，次の表を提示しました。

	合計	B	A	A＋
ヤヒコ	12	2	5	3
サブロー	15	2	6	4

子どもからは「Bって何だろう？　商品のランク？」といった質問が出てきます。

そこで，A＋，A，Bというのは完成した商品の出来栄えを意味していること，Bランクより下のものは商品化できないものとして廃棄されていることを伝えます。

そのうえで，一人ひとりで自分なりの考えを整理する時間を取っていきます。

❷どちらの職人を「よい職人」だと判断したか

しばらく時間を取った後，どちらの方が「よい職人」だと判断したのかを問うていきます。すると，子どもたちか

らは次のような意見が出てきました。

 どちらの方がいい職人と言えるかな？

ヤヒコの方がいい職人と言えると思うよ。

私もそう思った。だって，B〜A＋の合計の割合を出すと，ヤヒコの方が多くつくることができているよ。

	合計	B	A	A＋
ヤヒコ	12	2	5	3
サブロー	15	2	6	4

〈BとAとA＋を合わせて考えると〉

ヤヒコ　　（2＋5＋3）÷12＝0.833…　（約83％）

サブロー　（2＋6＋4）÷15＝0.8　　（80％）

ここで，教師は次のように子どもたちにかかわることで，その考え方の背景を明らかにしていきました。

 なるほど。B〜A＋を合わせて考えると，よい職人かどうかがわかるんだね。

だって，商品化できるネジを多くつくった方がよい職人でしょ？
それだけ失敗が少ないってことだし。

続いて，他の子どもたちからは，別の立場からの意見が出てきました。

でも，A＋だけで比べると，サブローの方がよい職人だと言えるんじゃない？

僕も同じ意見。だって，「よい職人」なんだから，すごくいいネジをたくさんつくっている割合が高い職人で選ぶべきだと思う。

	合計	B	A	A＋
ヤヒコ	12	2	5	3
サブロー	15	2	6	4

〈A＋だけで考えると〉

ヤヒコ　　　3÷12＝0.25　　　（25％）

サブロー　　4÷15＝0.266…　（約27％）

なるほど。すごくいいネジをつくっている職人を「よい職人」だと考えるなら，A＋の割合でみるといいんだね。

それなら，AとA＋を合わせるべきじゃない？

なるほど！　そういう考え方もあるよね。

	合計	B	A	A＋
ヤヒコ	12	2	5	3
サブロー	15	2	6	4

〈AとA＋を合わせて考えると〉

ヤヒコ　　（5＋3）÷12＝0.66…　（約66%）

サブロー　（6＋4）÷15＝0.66…　（約66%）

> A，A＋どちらもいいネジだから，2つを合わせた割合で比べた方がいいね。でも，これだとどちらも同じくらい「よい職人」ということになるね。

❸何をもって「よい職人」と判断するか

こうした議論の後，「結局，どちらの職人の方がよい職人と言えるのか」を問うていきます。

これにより，「どんな目的で2人の職人を比べるか」によって，結論が大きく違ってくることが浮き彫りになっていくのです。

本実践で言えば，「寸分の狂いもない高品質のネジをつくるための職人を見つけたい（目的①）」ならば，A＋をどれくらいつくることができたのかということで比べる必要があるでしょう。

「それなりにいい品質のネジをつくる職人を選びたい（目的②）」のであれば，A＋だけでなくAを入れて考える

べきです。

「とにかく商品化できるネジをできるだけ多くつくることができる職人を求めている（目的③）」ならば，B～A＋すべてのデータを合わせて考えるのがよいということになるわけです。

このように，**資料の中のどのデータを活用するのかを自分で選択することができる教材化というのは，「目的」を強く意識する学びにつながっていく**のです。

また，こうした経験を積み重ねることで，目的に合わせて資料を活用する力が育っていきます。

ちなみに，この授業では「それぞれのランクのネジを点数化し，その点数の平均点で判断する」という，新たな発想も出てきました。

それぞれのネジの価値を，以下のようにポイントという形で反映させ，それをもって比較しようというわけです。

A＋…3P	A …2P	B …1P

こうした子どもの姿は，まさに，データを活用する真の姿だと言えるのではないでしょうか。

	合計	B	A	A＋
ヤヒコ	12	2	5	3
サブロー	15	2	6	4

<h3 align="center">〈ヤヒコ〉</h3>

・A＋…3×3＝9P

・A　…2×5＝10P

・B　…1×2＝2P

$$9＋10＋2＝21P$$

$$21÷12＝\underline{1.75P}$$

<h3 align="center">〈サブロー〉</h3>

・A＋…3×4＝12P

・A　…2×6＝12P

・B　…1×2＝2P

$$12＋12＋2＝26P$$

$$26÷15＝\underline{1.73P}$$

ヤヒコの方が少しだけいいね！

「三者三様のグラフを提示する」こと で, 分析的にグラフをみる力を育てる

4年「折れ線グラフと表」, 6年「データの調べ方」など

　グラフの読み取りの学習でどんなところに着目す ればよいのかを丁寧に扱っても, 問題に取り組むと, グラフを読み取ったり, そこからどんなことがわか るのかを考察したりすることができない子が少なく ありません。どうすれば, 分析的にグラフをみる力 が育つ教材をつくることができるのでしょうか。

1 分析的にグラフをみる力

❶何のために, グラフのどこに着目するのか

　「グラフを読み取る学習」というとき, 皆さんはどのよ うな子どもの姿を思い浮かべるでしょうか。

　最大値や最小値を見つけたり, 平均値を求めたり…, そ んなイメージをもたれる方がいるかもしれません。

　それらは決して間違ってはいませんが, 大切なことは, 子どもたちが「何のために最大値や最小値に着目したいの か」「なぜ平均値を求めたいのか」という目的意識をもっ ているかどうかです。

　「目的」に照らし合わせて, 「どこに着目して考えていく べきか」を自分で判断することこそが, グラフを読み取る 学習の根幹にあるのです。

❷3つのグラフを提示する

そうした学習を通して分析的にグラフをみる力を育てるためには、「グラフの特徴を読み取ろう」といった教師からの一方的な投げかけで始まるような教材を扱うだけでは不十分です。

より強く子どもから目的意識を引き出し、「何のためにどこに着目してグラフを見るべきか」について考える場をつくる必要があるのです。

そこで、ここでは「三者三様のグラフを提示する」という教材づくりの方法を紹介していきます。

これは、三者三様のグラフ、つまり、傾向がまったく違う3つのグラフを同時に提示するという方法です。

これにより、子どもがそれぞれのグラフの特徴を浮き彫りにし、グラフを分析的にみて考えていくような学習を実現していくことができるのです。

2　3つのグラフの特徴を比較する学び

❶だれを選ぶべきかを判断する

4年「折れ線グラフと表」の学習の場合を例に考えてみます。例えば、次ページで示すような3つのグラフを授業の導入で提示するとします。

このとき、「フリースロー大会に出る代表選手を選ぶなら、3人のうちだれを選ぶべきか」ということを問うていきます。

もちろん、ここでの本当のねらいは、だれが一番よい選

手かを最終的に決めることではありません。**「だれを選ぶべきか」を問うことで，子どもたちがグラフをより深く，分析的に読み取ろうとする姿を引き出していくことが一番のねらい**なのです。

入ったシュートの数（20回中何回入ったか）

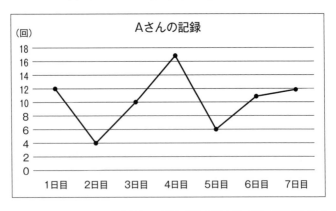

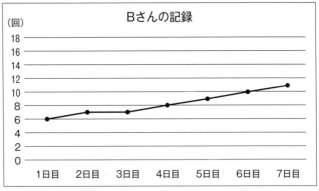

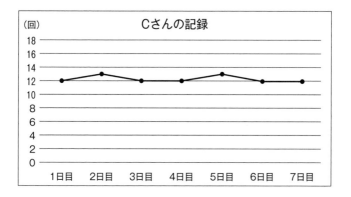

（回）　Ｃさんの記録

18
16
14
12
10
8
6
4
2
0

1日目　2日目　3日目　4日目　5日目　6日目　7日目

❷それぞれのグラフの特徴を分析的に読み取る

これらのグラフは三者三様で，それぞれに特徴があります。ですから，**子どもがどこを根拠にするか，もしくは，どこに価値を感じるかによってその選択も変わってきます**。

 だれを代表選手として選ぶべきかな？

もちろんAさんでしょ！　だって，最高記録の17回を出しているのはAさんだよ。

でもさ，Aさんは最低記録も出しているよ…

そうそう。だから，僕はCさんだと考えたよ。Cさんはずっと記録が安定しているって感じ。

 今の「安定している」ってどういうことかな？

いつも同じくらいの結果で，すごくいい結果はないけど，すごく悪い結果もないってこと。

私はBさんを選んだよ。今のところの記録は一番低いけど，はじめから見ていくとずっと記録が伸び続けているから，これからも伸びると思う。

　このように，それぞれ特徴の違う三者三様のグラフを比較させることで，より深く，より分析的にグラフを読み取る子どもの姿を引き出していくことができるのです。

❸他単元への応用

　こうした教材づくりの方法は，他の単元の学習でも同様に取り入れて授業を展開していくことができます。

　次に示すのは，6年「データの調べ方」で提示するグラフの例です。

ソフトボール投げの結果

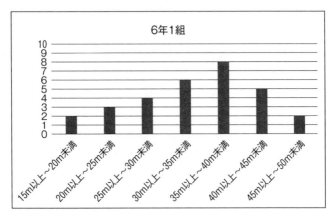

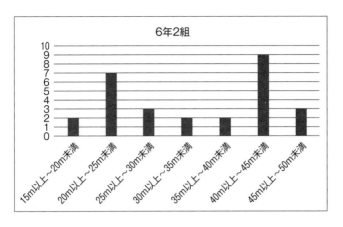

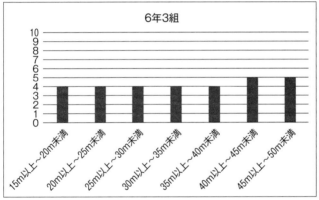

　どうでしょうか。これらのグラフを基に「ソフトボール投げの記録が一番よいと言えるクラスを選ぶ」となったならば，皆さんならどのクラスを選ぶでしょうか。

　最高記録も出していないし，特別に遠くまで投げることができている人も少ないけれど，全体的にはわりとよく投げられている人が多い1組。

最高記録を出しているけれど，学級として二極化している２組。

　遠くまで投げる人が３クラス中一番多いけれど，遠くまで投げられない人も多い３組。

　こうした三者三様に特徴がわかれるグラフを比較させることで，データの中から判断の基準，根拠となる部分や傾向を読み取る力が，子どもたちに確実にはぐくまれていくのです。

「1つの資料では判断できない問題」で, 複合的に分析する力を育てる

5年「帯グラフと円グラフ」など

　実生活では, 与えられた複数の資料を基に物事を判断することは多くありますが, こうした「複数の資料から必要な情報を選択して考える力」が身についている子は多くありません。
　どうすれば, 資料を複合的に分析する力が育つ教材をつくることができるのでしょうか。

1 資料を活用する力

❶1つの資料だけを基にした判断

　はじめに次のグラフを見てください。これは, ある2つの類似商品が1か月に販売された個数を表したものです。

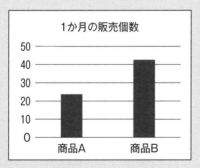

　もし, 皆さんがこの資料を見せられて, 「今後, どちらか一方の生産を増やしていくならば, いずれの商品を選びますか?」と問われたなら, どのような判断をするでしょうか。

売り上げ個数が明らかに多いのはＢですから，普通に考えればこちらの商品を選ぶべきだと判断するかもしれません。しかし，もし，次のような資料が別にあったなら，その判断は変わってくるのではないでしょうか。

	商品Ａ	商品Ｂ
生産コスト	1200円	1800円
販売価格	2000円	2100円

　この表を見ると，生産コストと販売価格の差（利益）は圧倒的に商品Ａの方が大きいことがわかります。

　つまり，何を言いたいのかというと，**どの資料を見るのかによって，私たちの判断は大きく変わってくる**ということです。場合によっては，１つの資料だけでは一面的なことしか見えず，私たちは誤った判断をしてしまうことがあるということなのです。

❷複数の資料を用いて複合的に分析する力

　「データの活用」領域では，目的に合わせて資料を活用する力を身につけることを目指しています。

　ただし，ここでいう「資料を活用する力」とは，**与えられたただ１つの資料を基に分析し，結論を導き出す力だけを言うのではありません**。

　必要に応じて分析するべき資料を自分で選び，それらを基に分析した結果を生活に生かしていく力を指します。

　もちろん，小学校の早い段階でこうした力を求めるのは

とても難しいことです。しかし，少なくとも高学年あたりからは，複数の資料を基に「どの情報を基に分析していくか」について考える学習を，積極的に取り入れていくことが大切だと言えるでしょう。

2 複数の資料を基にした学習

❶判断が難しい場面

そこで，「1つの資料では判断できない問題」を用いるという教材づくりの手法を取り入れて授業を構成していきます。

5年「帯グラフと円グラフ」の学習を例に考えてみます。

授業のはじめに，バスケットボールのフリースローに関して，両手で投げる方法（ツーハンド）と片手で投げる方法（ワンハンド）の2つがあることを確認し，下のグラフを提示します。

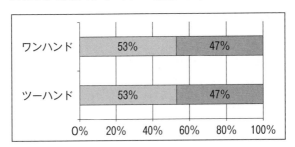

Aさんの4日間のフリースロー練習におけるシュート成功率

ワンハンド	53%	47%
ツーハンド	53%	47%

0%　20%　40%　60%　80%　100%

そして，「今度，Aさんはフリースロー大会に出場します。どちらの投げ方で参加するべきでしょうか」と問うの

です。

　子どもたちからは「まったく同じ成功率だから，どちらでもいいよね」「シュートの成功率だけ見たら同じだね」「でも，どちらも同じ本数ずつ投げたのかな？」といった声が上がります。

　そこで，続けて次の表を見せます。

４日間で入ったシュート数の合計

	入った本数
ワンハンド	56本
ツーハンド	58本

　「２本違いだ。あまり変わらないなぁ」「ツーハンドの方が少しいいかな」「そこまでこだわる差でもないよ」「成功率は一緒なんだから，ツーハンドの方が少し多く投げているということになるね」

　こうして，**これらの資料ではどちらの投げ方の方がよいかは明確に判断できない**ということが明らかになっていきます。

❷新たな資料を求める

　中には，次のような発言をする子どもも現れます。

　「もっと，他のグラフや表はないの？」「シュートが入った数の変化が知りたい」「確かに。１日ごとのシュート成功数の変化とか」

実際に行った授業では，こうした発言を十分に子どもから引き出した後，新たに次のグラフを示していきました。

　もし，このような発言が子どもから出てこない場合は，「こんな資料もあるよ」と，教師の方から提示してもよいでしょう。

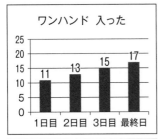

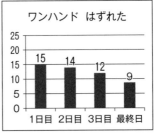

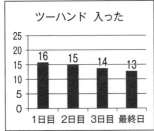

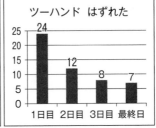

こんな資料もあるよ。

これで，4日間のシュートが入った数と外れた数の変化がわかるね。

ワンハンドの方が，シュートの入る数は増えている傾向だね。慣れたのかな？

でも,「はずれた数」はどちらも減っているよ。いったいどういうこと…？

 入った数の変化では,「ワンハンド」の方がよい傾向なんですね。でも,確かに「はずれた数」がどちも減っているというのはおかしいね。

普通,（ツーハンドの）入る数が減ったら,はずれる数は増えるはずじゃないの…？

わかった,このグラフが割合じゃないからだよ！日によって投げた数が違うんじゃない？

　こうして「投げた回数が日によって違うことから，割合で判断しなければならない」ことに気づく子がいる一方，中にはそのことをよく理解できない子どももいます。

　そこで，「割合で表されていないと，入った数と外れた数のどちらも減る場合があるの？」と問い返していきます。

ツーハンドの1日目と最終日を比べたらよくわかる。

本当だ。最終日の方が1日目よりシュートが入った数は少ないけど，成功率は高い！

・1日目…入（16回），外（24回）⇒成功率40％

・最終日…入（13回），外（7回）⇒成功率65％

　こうして，**シュートが入った数や外れた数だけで判断するのは適切ではなく，割合（成功率）で見比べる必要があることにどの子も気づいていく**のです。

❸必要な資料を自分たちで作成する

この後，子どもたちは4日間のシュート成功率の変化を表とグラフに表していきました（グラフへの表現は次の時間に行った）。そして，これらの資料を基に，自分なりの結論を導き出していくことができたのです。

練習日ごとの入った割合とはずれた割合

ワンハンド		1日目	2日目	3日目	最終日	4日間合計
	入った	42%	48%	56%	65%	53%
	はずれた	58%	52%	44%	35%	47%
	投げた合計	100%	100%	100%	100%	100%

ツーハンド		1日目	2日目	3日目	最終日	4日間合計
	入った	40%	56%	64%	65%	53%
	はずれた	60%	44%	36%	35%	47%
	投げた合計	100%	100%	100%	100%	100%

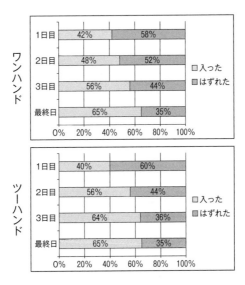

おわりに

　私は，今年で41歳になります。

　同期の多くが中間管理職になっていく中，ありがたいことに，私はここまで学級担任として子どもたちの前に立たせていただくことができました。

　学級担任としていられるタイムリミットが近づいている中で，ここ数年，私は「これからの教育を担う先生方に，何を伝えていくべきか」といったことを考える機会がとても多くなりました。

　世間では，新しい時代に向けた教育の改革論が巻き起こっています。そうした中，私自身も「これまでの教育が蓄積してきたものを，すべて新しいものに置き換えるべきなのだろうか」と考えることもありました。

　しかし，今は少し違った思いをもっています。

　時代は確かに変化し，パラダイムシフトは世代交代とともにこれからも急加速していくでしょう。その中で学校教育の姿も大きく変わるでしょうし，個人的には積極的に変わるべきだとも思っています。ただ，すべてが置き換わるのではなく，これまで蓄積してきたものの中で何を未来に残し，何を削ぎ落としていくのか，このことに真に向き合うべきときが来ていると考えているのです。

　もしかすると，最後に残るものはほんのひと握りのものかもしれません。そして，多くの授業での学び方が，PC

を活用したものに置き換わっていくのかもしれません。

　それでも，学校教育の中で「それぞれの教科を通してはぐくみたい力」という本質的な部分は変わらないのだと私は考えています。

　その本質を捉える力こそが，「教材をつくる力」「教材づくりの見方・考え方」です。そして，その力があれば，どんな時代になろうと，どんなに新しい教育環境になろうと，子どもに寄り添い，真に子どもの力をはぐくむ学びを具現化することはできるのだと思うのです。

　そんな力を次の世代に残していくために，本書が少しでも役に立ったのなら，これほどうれしいことはありません。

　新しい時代の幕開けに，これまで私が見つけてきた多くの「希望」を込め，本書を未来に託したいと思います。

　本書を出版するにあたっては，明治図書出版の矢口郁雄氏に企画のご提案から校正に至るまで，細部に渡って多大なるお力添えをいただきました。心より感謝申し上げます。

　また，書籍の完成に至るまでには，学級の子どもたち，同僚や友人，諸先輩方，そして，何よりも家族の力強い支えがありました。本書を書き上げるまでにかかわってくださったすべての方に，この場をお借りして心よりお礼申し上げたいと思います。

　2021年11月

　　　　　　　　　　　　　　　　　　　瀧ヶ平悠史

【著者紹介】

瀧ヶ平　悠史（たきがひら　ゆうし）

1980年千葉県流山市生まれ。

北海道教育大学札幌校卒業。札幌市立西小学校、札幌市立日新小学校を経て北海道教育大学附属札幌小学校に勤務。

著書に、『「教師の関わり方」が基礎からわかる　算数授業スキルＱ＆Ａ　ベーシック』（明治図書、2021年、単著）、『「教師の関わり方」がより深くわかる　算数授業スキルＱ＆Ａ　アドバンス』（明治図書、2021年、単著）、『「見方・考え方」を働かせる算数授業―領域を貫く10の数学的な見方・考え方の提案―』（東洋館出版社、2018年、編著）、『「対話」で学ぶ算数授業　学級全員で学び合うための15のポイントと35のアイデア』（明治図書、2018年、単著）、『14のしかけでつくる「深い学び」の算数授業』（東洋館出版社、2017、単著）他多数

資質・能力を育てる授業をデザインするための

算数教材づくり大全

2021年12月初版第1刷刊　©著　者	瀧　ヶ　平　悠　史
発行者	藤　原　光　政
発行所	明治図書出版株式会社
	http://www.meijitosho.co.jp
	（企画）矢口郁雄（校正）大内奈々子
	〒114-0023　東京都北区滝野川7-46-1
	振替00160-5-151318　電話03(5907)6701
	ご注文窓口　電話03(5907)6668

＊検印省略　　　　　　　組版所　藤　原　印　刷　株　式　会　社

本書の無断コピーは、著作権・出版権にふれます。ご注意ください。

Printed in Japan　　　　　　　　ISBN978-4-18-351922-1

もれなくクーポンがもらえる！読者アンケートはこちらから →